돈을 쫓지 않는
부자의 심리

NYUMON OKANEMOCHI SEIKATSUNO TSUKURIKATA by Yuhei Sasaki

Copyright © Y. Sasaki 2016

ALL rights reserved.

Original Japanese edition published by KOU PUBLISHING CO., LTD.

Korean translation copyright © 2019 by billybutton

This Korean edition published by arrangement with KOU PUBLISHING CO., LTD.

through HonnoKizuna, Inc., Tokyo, and BC Agency

평범한 직장인이 가장 빨리 부자 되는 법

돈을 쫓지 않는
부자의 심리

초판 1쇄 인쇄 2019년 6월 25일

초판 1쇄 발행 2019년 7월 1일

지은이 사사키 유헤이

옮긴이 김수현

책임편집 최보배

홍보기획 문수정

디자인 Aleph design

펴낸이 최현준·김소영

펴낸곳 빌리버튼

출판등록 제 2016-000166호

주소 서울시 마포구 양화로 15안길 3 201호(윤현빌딩)

전화 02-338-9271 | **팩스** 02-338-9272

메일 contents@billybutton.co.kr

ISBN 979-11-88545-59-9 03320

이 도서의 국립중앙도서관 출판예정도서목록(CIP)은 서지정보유통지원시스템 홈페이지(http://seoji.nl.go.kr)와

국가자료공동목록시스템(http://www.nl.go.kr/kolisnet)에서 이용하실 수 있습니다.(CIP제어번호:CIP2019022272)

돈을 쫓지 않는 부자의 심리

평범한 직장인이 가장 빨리 부자 되는 법

사사키 유헤이 지음 | 김수현 옮김

빌리버튼 billybutton

부자가 될 수 있는
최적의 후보자는 월급쟁이다

저는 초등학생 시절부터 돈에 관심이 많았습니다. 어느 날, 글짓기 시간에 창작 그림책을 만들었는데, 제가 완성한 줄거리는 부자 아저씨와 가난한 아저씨가 나오는 내용이었습니다. 진짜 별난 아이였지요. 그리고 소위 '부잣집 아이'로 불리는 친구의 집에 놀러 가면 집 안을 둘러보면서 '와, 집도 크고 방도 넓구나' 하고 생각했습니다. 물론 친구 부모님의 수입이 어느 정도인지는 몰랐지만 그냥 직감적으로 그렇게 느꼈습니다. 어린아이인 저는 '나도 커서 부자가 되고 싶다'라고 생각했습니다.

시간이 흘러 어른이 되었고, 사회에 나가 평범한 회사원이 되었습니다. 신입사원 때는 '착실하게 열심히 일해서 월급 받고, 쓸데없는 데 돈을 쓰지 않으면 언젠가는 웬만큼 부자가 될 것이다'라고 가볍게 생각했습니다. 그런데 회사생활을 몇 년 하고 나서는 '뭔가 이상하다'라는 생각이 들었습니다. 특별히 씀씀이가 헤프지도 않았고 사치스러운 물건을 사지도 않는데, 돈이 모일 기미가 안 보였습니다. 생활도 풍족해지지 않았습니다.

'평범하게 일하는 것만으로는 부자가 될 수 없는 건가? 이대로 영영?' 그렇게 생각하자 앞이 꽉 막힌 듯한 답답해졌습니다. 여러분도 한 번쯤 느껴보았으리라 생각합니다. '나도 커서 부자가 되고 싶다'라는 막연한 바람은 '언젠가는 나도 부자가 되겠지'라는 무력한 기대와 만나면서 '아무것도 하지 않고 바라기만 해서는 부자가 될 수 없다'라는 냉혹한 확신으로 바뀌어갔습니다.

저는 인생의 방향키를 완전히 바꾸기로 했습니다. 그러고는 본격적으로 돈에 대한 공부를 시작했습니다. 지금은

1급 파이낸셜 플래닝 기능사라는 국가 공인 자격을 취득하고 파이낸셜 플래너FP로 일하고 있으며, 자산 운용에 관한 책도 여러 권 냈습니다.

그렇게 17년 동안 개인 고객을 대상으로 금융 상담을 하며 자문을 제공하는 일을 해왔습니다. 일일이 헤아려본 적은 없지만 수천 명의 고객을 만났습니다. 그분들 중에는 평범한 직장인도 있고 큰 부자도 있었습니다. 직장인 중에는 직급이 낮고 급여가 적은 사람도 있고 관리자나 임원으로 높은 급여 소득을 얻는 사람들이 있었습니다. 부자는 어땠을까요? 자산 규모나 운용하는 투자액의 크고 작음에 따라 '작은 부자'도 있었고 '큰 부자'도 있었습니다.

한 명 한 명 고객을 만나면서 궁금증 한 가지가 생겼습니다. '결국 어떤 사람이 부자가 되는가?'라는 것입니다. 어릴 적에 친구네 부잣집에 들어갔을 때 느꼈던 느낌과도 비슷합니다. 그 느낌을 정확하게 표현하기는 힘들지만, 다음과 같은 몇 가지 질문이 섞여 있는 느낌입니다.

'부잣집에는 누가 살까? 부자는 보통 사람과 무엇이 다를까? 어떻게 부자가 될 수 있을까?'

개인 재무 상담을 계속하면서 지식과 경험이 쌓이고 나름대로 관점이 생기면서 질문은 좀더 정교해졌습니다. 바로 '부자 될 가능성이 가장 높은 사람은 누구인가?' 하는 것이지요. 고객을 만나면서 자세히 관찰할 수 있었으니 정말 직업을 잘 선택한 것 같습니다.

결론부터 말해보겠습니다. 부자가 될 가능성이 가장 높은 사람, 또 가장 빨리 부자가 될 수 있는 사람은 회사를 다니는 직장인입니다. 주변에서 흔히 볼 수 있는 회사원이고, 매달 월급을 받아 생활하는 월급쟁이이며, 매년 연봉 협상을 할 때 조금이라도 연봉을 높이기 위해 고민하는 직장인입니다. 이 책을 읽는 여러분일 수도 있겠네요.

회사 다니는 직장인이 부자 될 가능성이 제일 높다니, 고개를 갸우뚱하는 분도 있을 듯합니다. 좀더 정확하게 얘기해야겠네요. 회사 다니는 직장인은 부자가 될 확률이 가장 높고, 가장 빨리, 가장 효율적으로, 가장 실패할 일 없이 부자가 될 수 있습니다.

직장인은 보통 연봉 계약을 하고 매달 월급을 받습니다. 직장인이 부자와 연결되는 지점은 월급의 액수가 아닙니다. 직장인 매달 꼬박꼬박 월급을 받는다는 사실이 부자 될 가능성의 근거입니다. 정기적인 수입, 일정한 기간마다 들어오는 급여 소득은 부자가 되기 위한 기본 조건이자 필수 조건입니다. 연봉을 높이는 것도 좋은 방법이지만 그것보다 더 효율이 높은 전략은 일정하게 들어오는 안정적인 수입을 바탕으로 추가로 투자 이익을 내어서 총수입을 높이는 것입니다. 총수입을 높이는 돈의 흐름, 즉 수입을 불리는 시스템을 마련하는 것이 부자로 가는 지름길입니다.

흔히 부자가 되려면 투자하는 데 필요한 종자돈을 먼저 만들라는 얘기를 합니다. 옳은 얘기입니다. 그런데 종자돈은 어떻게 만들까요? 소득에서 따로 떼어 저축을 해서 만듭니다. 한번에 만들기는 힘이 드니까 매달 또는 몇 달에 조금씩 떼어 종자돈을 늘려갑니다. 즉 종자돈은 소득에서 따로 마련한 저금을 모은 돈입니다. 저금을 가장 효과적으로 할 수 있는 사람은 월급쟁이입니다. 매달 일정한 금액이 꼬박꼬박 수입으로 들어오므로 계획적으로 저금을 할 수 있습니다. 따라서 종자돈을 가장 효과적으로 모을 수 있는 사람은 바로 직장인입니다.

제가 만난 수천 명의 고객 중 상당수는 부자였습니다. 작은 부자, 큰 부자도 있었고 그냥 크다고만 하기에는 말이 안 될 정도로 어마어마하게 거대한 자산을 가진 사람도 있었습니다. 자산 규모가 제각각인 부자들 중에서, 가장 인상적이고 다이내믹하게 자산을 늘린 사람들에게는 공통점이 있습니다. 바로 그들이 평범한 직장인이었다는 것입니다.

저는 부자의 일상생활과 삶의 방식을 오랫동안 관찰했습니다. 그들의 일상은 보통 사람들의 일상과 크게 다르지는 않지만, 자세히 들여다보면 왜 그렇게 하는지 궁금한 것과 의외라고 생각한 것이 많았습니다. 바로 그런 차이가 그들을 부자가 되도록 이끌었던 것입니다.

한 가지만 예를 들어보겠습니다. 혹시 부자가 사는 집에 가본 적이 있나요? '지인에게 초대받아 집에 갔는데 어마어마한 부자였다', '일 때문에 방문한 적이 있다', 'TV나 영화에서 자주 봤다' 등 여러 경우가 있겠네요. 모두 좋습니다. 기회가 되면 직접 둘러보시기를 권합니다.

부자의 집은 아주 넓어 보입니다. 정확하게 말하면 비어 있는 면적이 많습니다. '돈이 많아서 비싸고 큰 집을 샀으니 집이 넓은 게 당연하다', '집이 크니까 방도 넓고 수납 공간이 많다'라고 생각할 수 있겠지요. 그런데, 부잣집이니까 집이 넓은 것이 아니라, 집을 널찍하게 유지하기 때문에 부자가 된 것 아닐까요? 장차 부자가 될 사람은 지금 살고 있는 원룸도 널찍하게 사용하고 있지 않을까요?

제가 아이였을 때 경험했던 '느낌'은 점점 '가설'로 바뀌어갔습니다. 그러다가 파이낸셜 플래너가 되어 부자 고객들을 상담하던 어느 날, 의외의 형태로 '확신'하게 되었습니다. 부자들의 집이 넓게 느껴지는 데는 분명히 논리적인 이유가 있었던 것입니다.

부자가 되려면 집의 크기나 면적이 문제가 아니라 집 안의 공간, 즉 실내를 넓게 유지해야 합니다. 그러면 집이 작아도 내부는 넓게 느껴집니다. 방 안을 어지럽히지 않고, 물건을 잘 치우고 정리합니다. 단순하고 깔끔하게 정리합니다. 그런 사람이 부자가 될 가능성이 높습니다. 집 안을 넓어보이게 하는 생활 습관이 논리적으로 변하기 시작해서 실제로 돈을 벌어들이고 자산을 불리는 것입니다. 저는 그것이야말로, 평범한 직장인이 부자가 되는 방법임을 깨달았습니다.

부자가 되는 재능이 높은 사람은 나이가 어려도 자연스럽게 그렇게 행동합니다. 정확한 용어나 이론은 알지 못해도 본능적으로 정답을 선택합니다. 마치 일류 스포츠선수가 어린 시절부터 뛰어난 기량을 보였다고 얘기하듯이, 부자가 될 수 있는 사람은 생활 습관과 생각법이 유달리 탁월합니다.

평범한 사람과 부자 될 사람의 생활 습관이 차이가 난다니, 억울한 일입니다. 더 억울한 것은 이 차이가 정말 작다는 것입니다.

그것을 전하고 싶어서 저는 이 책을 썼습니다. 보통 사람이라면 신경 쓰지 않는, 부자들 특유의 심리도 고스란히 기록했습니다. 이 책을 다 읽고 나면, 당신도 부자들의 쪽에 서는 사람이 되어 있기를 바랍니다.

3장
부자가 즐겁게 일하는 이유

4장
부자가 늘 몸가짐이 단정한 이유

5장
부자가 투자에 실패하지 않는 이유

1장

부자는 어떻게
그네를 타는가

돈을 쫓지 않는 부자의 심리

1
부자는 힘들이지 않고 지속 가능하게 돈 모으는 법을 알고 있다

회사에 다니는데
부자인 사람 vs. 평범한 사람

먼저 질문을 하나 해보겠습니다.

'부자들은 어떻게 그네를 타는가?'

여기 그네가 있습니다. 공원이나 놀이터, 학교 운동장에서 흔히 볼 수 있는 평범한 그네입니다. 누구라도 어린 시절에 한 번쯤은 타보았을 겁니다. 그네에 올라타 열심히 발을 구르면 기분 좋은 바람을 느낄 수 있고 좋은 경치를 볼 수 있습니다. 모두가 아는 사실입니다.

여기서 질문! 더 쉽게, 힘을 덜 들이고, 더 오래 그네를 타는 방법은 무엇입니까?

이 질문의 해답이 바로 부자들이 그네를 타는 방법입니다. 또, 바로 그 방법이 부자가 되기 위한 첫 번째 조건입니다. 자, 당신이라면 어떻게 그네를 타겠습니까?

이제 함께 생각해볼까요?

길을 걷다 보면 여러 종류의 사람을 볼 수 있습니다. 부유해 보이는 사람이 있는가 하면, 그렇지 않은 사람도 있습니다. 당신은 부유해 보이는 사람을 보면 이렇게 생각하지는 않습니까?

'저 사람은 연봉이 높을 거야. 아니면 집안이 원래 부자였겠지. 평범한 직장인인 나랑은 완전히 달라.'

또, 그리 부유해 보이지 않는 사람을 보면 이렇게 생각하지는 않습니까?

'저 사람은 나보다 연봉이 낮을 거야.'

이 생각이 반드시 틀리지는 않을 겁니다. 연봉의 높고 낮음은 확실히 부유함과 직결되니까요. 그러나 그 생각에만 사로잡혀 있어서는 안 됩니다. 왜냐하면 당신이 세운 그 가설이 정말 올바르다면, 평범한 직장인은 평생 성실하게 일해도 부자가 될 수 없다고 인정하는 셈이기 때문입니다. 스스로 그렇게 믿어버리면 안 되지 않을까요?

다시 한 번, 길을 걷는 사람들을 자세히 살펴보십시오. 부유해 보이는 사람은 모두 비즈니스에 성공한 사장이나 자영업자입니까? 부유해 보이지 않는 사람들은 모두가 당신보다 저임금을 받는 사람들일까요?

그렇지는 않을 겁니다. 두 종류의 사람들은 당신과 비슷한 직장인일 겁니다. 직장인이라면 연봉은 어느 정도 비슷합니다. 다르다 해도 하늘과 땅 정도로 큰 차이가 나는 것은 아닙니다.

이번에는 당신의 회사 안에서 살펴보십시오. 회사 동기나 동료 중에 이런 사람은 없습니까?

저 사람은 나와 비슷한 수준의 월급을 받는 게 분명한데, 언제나 좋은 양복을 입고 있다. 게다가 늘 건강해 보이고, 일상생활도 즐거워 보인다. 무엇보다 나는 일을 하면서 늘 지쳐 있는데, 저 사람은 일에 대한 스트레스가 없는 듯하다.

마치 혼자만 월급을 많이 받는 것처럼 인생을 즐기고 있는 직원. 다른 사람보다 훨씬 이득을 보는 듯한 사람입니다. 어느 회사에나 한두 명 정도는 있습니다. 여기서 한 가지 의문과 가설이 발생합니다.

의문: 왜 저 사람은 나와 같은 직장인인데도 부자인 것일까?
가설: 급여 소득의 높고 낮음이 반드시 빈부의 차이를 불러오는 것은 아니다.

다시 말하면 '평범한 직장인이 부자가 되기도 하고 부자가 되지 않기도 하는 어떤 이유가 있을 것이다'라는 것입니다.

부자만 알고 있는
돈을 부르는 제3의 방법

자, 상상해보십시오. 당신은 산책을 하다가 우연히 100만 엔(약 1,000만 원)이 든 가방을 주웠고, 바로 앞에 파출소가 있어서 주운 물건이라며 가져다주었습니다. 반년이나 지났는데도 물건의 주인이 나타나지 않아서 그 100만 엔은 당신 것이 되었습니다.

당신은 갑자기 생긴 이 100만 엔을 어떻게 쓰겠습니까?

여행을 간다? 사고 싶었던 옷을 산다? 부모님께 드린다? 저금을 한다?

저마다 꿈이 다르듯이 돈을 쓰는 방법도 모두 다르겠지만, 어쨌든 가슴이 두근두근하겠지요. 당신만의 돈 사용법은 잠깐 옆으로 밀어두고, 부자가 될 수 없는 사람은 어떻게 생각하는지 살펴봅시다.

부자가 될 수 없는 사람들은 100만 엔을 쇼핑하는 데 씁니다.

돈을 한번에 몽땅 쓰지는 않지만, 반년이나 1년이 지나면 물건을 사거나 서비스를 받는 비용으로 다 써버리고 수중에는 돈이 남아 있지 않습니다.

즉 소비를 합니다. 소비란 써버리면 그만인 사용법입니다. 대체로 물건이나 서비스의 가격은 파는 사람이 마음대로 정한 것으로, 인건비나 파는 사람이 얻는 이익이 포함되어 있습니다. 즉 최대 3분의 1 정도는 본질적인 가치가 아닙니다. 고급 브랜드의 가방(소위 명품 백)을 산다면, 사자마자 중고품이 됩니다. 바로 판다고 해도 다시 팔 때의 가치는 처음의 몇 분의 일로 줄어듭니다.

그렇다면 보통 사람보다 조금 더 부자인 사람들은 어떻게 할까요?

그들은 100만 엔 중 일부분을 자신에게 주는 포상금으로 사용하고, 남은 돈은 미래를 위해 저금합니다.

언뜻 보면 현명한 행위입니다. 그러나 저금한 돈은 어쨌든 언젠가 소비합니다. 차이가 있다면 '지금 사용하느냐', '나중에 사용하느냐' 정도로, 앞서 말한 부자가 될 수 없는 사람과 근본적으로는 같은 행동입니다.

그러면 부자의 사고방식을 가진 사람들은 어떻게 할까요? 그들은 소비와 저축 외에 제3의 방법을 알고 있습니다. 그들은 100만 엔을 손에 넣으면 먼저 이렇게 생각합니다.

'어떤 금융상품에 투자할까? 100만 엔으로 연간 어느 정도의 이익을 낼 수 있을까? 어떻게 하면 더 많이 늘릴 수 있을까? 늘린 돈으로 어떤 것을 살까?'

즉 투자할 방법을 생각합니다. 보통 사람은 '투자'라고 하는 선택지를 떠올리지 않습니다. 왜 그럴까요?

지금까지 해왔던 일이 아니기 때문입니다. 모르는 일을

갑자기 떠올릴 수 있는 건 일부의 천재뿐입니다. 평범한 사람은 스스로 책을 사서 처음부터 투자 공부를 하지 않으면 안 됩니다. 그러나 귀찮기 때문에 웬만해서는 공부를 하지 않습니다.

부자가 되고 싶은 사람은, 사실은 자신의 미래에 대해 큰 불안을 느끼고 있습니다. 그런 한편 다른 사람보다 편안한 생활을 누리고 싶어합니다. 물론 모든 사람이 그렇게 생각할지도 모릅니다. 그러나 부자들은 그 생각이 아주 강합니다. 이것이 보통 사람들과 다른 점입니다.

부자가 될 수 있는 사람은 정말로 마음 깊은 곳에서부터 부자가 되기를 염원합니다. 그러면 어떻게 해야 할까요?

그렇습니다. 부자는 행동으로 옮깁니다. 투자에 대해 알아보고 공부를 시작합니다. 서점이나 도서관에서 책을 구해 읽고, 부자가 되기 위한 지식을 열심히 습득합니다. 마치 뜨거운 사랑에 빠진 것처럼 자나 깨나 투자로 돈을 불릴 일만 생각합니다. 그리고 꽤 시간과 돈을 들여 결국에는 부자가 되기 위한 방법을 터득합니다.

돈의 흐름을 파악하면
누구나 부자가 될 수 있다

평범한 사람들이 부자가 되겠다는 결심을 한 뒤에는 열심히 일해서 돈을 벌고, 소비하고 남은 것은 저축합니다. 여기까지는 같습니다. 설명하지 않아도 알겠지만 이 방법으로는 영원히 부자가 될 수 없습니다.

예를 들어, 직장인이 아무리 노력을 한다 해도 노력에 정비례해서 월급이 늘어나지는 않습니다. 그러기는커녕 죽을힘을 다해 오래 일할수록 시급은 줄어듭니다. 월급이 오르지 않으니 당연한 일입니다.

그렇습니다. 직장인의 월급은 아무리 열심히 노력해도 반드시 늘어나는 것은 아닙니다.

반대로 직장인의 10배에 해당하는 수입을 올리는 부자의 노동시간은 직장인의 10배는 아닙니다. 같거나 그보다 적습니다. 불공평하지요.

보통의 방법만으로는 열심히 일한다 해도 월급은 변하지 않을뿐더러 수입의 대부분은 소비로 사라져버리고 맙니다. 그렇기에 아무리 시간이 지나도 부자가 되지 못합니다. 열심히 저축을 하더라도 마찬가지입니다. 저축한 돈을 나중에 쓰든가, 지금 쓰든가 하는 차이밖에 없습니다. 하지만 부자가 되기 위해서는, 저축이 우선되어야 하는 것도 사실입니다. 쉽게 설명해보겠습니다.

저축한 돈의 일부를 투자로 돌려 이익을 얻습니다. 그 이익은 월급과는 별도로 얻은 수입입니다. 이 수입을 급여소득과 합치면 실질적인 총수입이 증가하는 것입니다. 그러면 지금까지와 같은 생활을 하더라도 돈을 모으는 속도가 빨라져 저축액도 증가합니다. 총수입이 증가했기 때문에 당연한 일입니다.

그러면 어떻게 될까요? 더욱 투자에 돈을 쓰게 되겠지요. 올바른 투자를 할 수 있으면 돌아오는 돈이 증가하고, 다시 수입이 늘어납니다.

지금까지는 벌어들인 돈을 소비하고 남는 돈을 저축했을 뿐입니다. 이제는 돈을 순환하게 만들어야 합니다. 다음부터는 이 상태를 유지하기만 하면 점점 자산이 불어나 생활이 편해집니다. 바로 이것이 부자들의 시스템입니다.

즉 이것이 부자들과 일반인이 운영하는 돈의 흐름의 차이입니다. 최초의 저축을 소비로 돌릴 것인가, 투자로 돌릴 것인가의 차이인 것입니다.

자, 이제 글을 시작할 때 제시한 문제의 대답이 보일 겁니다. 부자들은 그네를 어떻게 타는가? 조건은 '더 쉽게, 힘들이지 않고, 더 오래' 그네를 타는 방법입니다.

소비만 하는 사람이 그네 타는 방법은 이렇습니다.
매일 힘들여 발을 굴려야 합니다. 발을 구르지 않으면 잠깐 사이에 그네의 속도가 떨어지고 멈춰버리기 때문입니다. 땀범벅이 되어도, 평소와 다른 경치는 한순간밖에 즐기지 못합니다.

저축을 많이 한 사람이 그네 타는 방법은 이렇습니다.
그네가 흔들리는 폭이 커질 때까지 열심히 발을 굴립니다. 그러면 잠시 동안은 발을 굴리지 않아도 잘 흔들립니다. 열심히 노력한 만큼 평소와 다른 경치와 시원한 바람

돈의 흐름

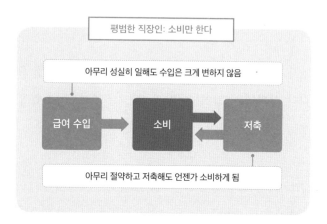

평범한 직장인: 소비만 한다

아무리 성실히 일해도 수입은 크게 변하지 않음

급여 수입 → 소비 ⇄ 저축

아무리 절약하고 저축해도 언젠가 소비하게 됨

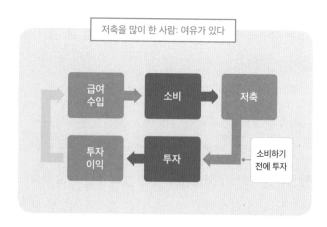

저축을 많이 한 사람: 여유가 있다

급여 수입 → 소비 → 저축

투자 이익 ← 투자 ← 소비하기 전에 투자

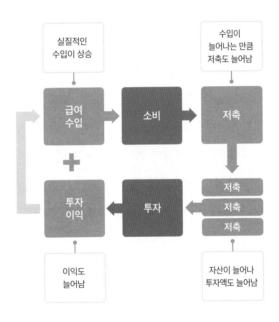

부자: 돈이 원활하게 돈다

실질적인
수입이 상승

수입이
늘어나는 만큼
저축도 늘어남

급여
수입

소비

저축

＋

투자
이익

투자

저축
저축
저축

이익도
늘어남

자산이 늘어나
투자액도 늘어남

을 즐길 수 있습니다. 그러나 차츰 그네가 흔들리는 기세가 떨어지면, 다시 열심히 발을 굴려야 합니다.

그러면 부자들의 그네 타는 방법은 어떨까요?

그들은 스스로 발을 굴리지 않습니다. 다른 사람에게 등을 밀어달라고 하면 문제는 해결됩니다. 그렇다면 더욱 쉽게, 힘들이지 않고, 평소와는 다른 경치와 시원한 바람을 계속해서 즐길 수 있습니다.

스스로 그네를 타지 않는다니, 비겁하다고요?

비겁한 것이 아닙니다. 정말로 비겁한 일은 타인을 속이거나 괴롭히면서 자신만 편안함을 추구하는 것입니다.

잘 살펴보세요. 그네를 탄 부자들의 등을 밀어주는 것은 누구입니까? 부자들에게 속고 있는 불쌍한 사람입니까? 아닙니다. 그들의 등을 밀어주고 있는 것은 그가 열심히 일해서 모은 그의 돈입니다.

투자란, 당신의 돈이 당신 대신 일하게 하는 것과도 같습니다. 당신은 평소처럼 일할 뿐인데, 돈이 더 열심히 일해주어 더 많은 수입을 얻을 수 있습니다.

부자의 사고방식을 실천하는 사람은 생각합니다.

'어떻게 하면 더 쉽고 편하게 돈을 손에 넣을 수 있을까?'

언뜻 보면 성실하지 않은 방법이고, 동의하기 어려운 생각 같습니다. 그러나 그들은 진지합니다. 진지하게 투자를 생각하고, 투자 세미나에 가고, 투자에 관한 책을 사서 공부합니다. 시행착오를 거친 후의 대답이, 지금 소개한 방법입니다.

부자의 사고방식을 가진 사람은 평범한 직장인이라 해도 이 시스템을 잘 이용해 부자의 길을 향해 나아갑니다.

구체적인 예를 들어 설명해보겠습니다.

직장인이 평생 벌어들이는 수입이 대략 2억 엔(약 20억 원)이라고 가정해봅시다. 40년간 일한다고 했을 때 현실적으로는 연봉이 평균 500만 엔(약 5,000만원), 월급은 평균 42만 엔(약 420만 원) 정도 될 것입니다.

앞에서 말한 방법을 실행에 옮기지 않으면, 아무리 성실하게 일해도 수입은 그다지 변하지 않습니다. 아무리 소비를 적게 하고 저축을 많이 해도 2억 엔이 넘지 않습니다. 2억 엔 한도 안에서 일생의 살림을 꾸려나갈 뿐입니다. 하지만 앞에서 알려준 방법을 실행에 옮기는 경우, 보통 직장인이라도 평생의 수입이 2억 엔 이상이 될 수 있습니다. 물론 투자에 실패하면 2억 엔을 밑돌 가능성도 있습니다(실패하지 않는 투자에 대해서는 5장에서 소개하겠습니다).

당신과 같은 직장인이고 월급도 그다지 차이가 없는데 당신보다 여유로운 생활을 하는 사람은, 이 방법을 활용하고 있을 가능성이 큽니다.

 POINT!

급여 소득을 최대로 활용하는 방법을 이해하면 빨리 총수입을 늘릴 수 있다.

2
부자는
돈의 참조점을
고정시킨다

부자 시스템을
순환시키는 열쇠

왜 같은 직장인이라도 빈부 차이가 생기는지 조금은 이해
가 되었나요? 진심으로 부자를 꿈꾸는 사람들은 열심히
공부해서 앞서 말한 방법에 도달하고, 이렇게 생각합니다.

'됐다! 이제 나도 부자가 될 수 있겠어!'

하지만 마음먹은 대로 쉽게 되지 않습니다. 깨달을 수는 있지만, 첫 단계인 저금을 하는 것이 어렵기 때문입니다.

자신도 모르게 쓸데없이 돈을 써버리고, 매월 수입과 지출이 같아져버립니다. 승진해서 월급이 늘어도 지출하는 비용이 그만큼 늘어나 돈을 모을 수가 없습니다.

'정말 이상하네. 특별히 사치스러운 생활을 하는 것도 아니고, 누구보다 성실하게 일을 하는데 왜 돈이 안 모일까? 돈이 있어야 투자를 시작해서 부자가 될 수 있을 텐데!'

이렇게 생각은 해도 현실에서 돈을 모을 수 없기 때문에 어쩔 수가 없습니다. 그러는 동안 그는 부자가 되기를 포기해버리고, 보통의 생활로 돌아가버립니다.

노력해서 절약을 하고, 저금을 모아 투자로 돌리고, 제대로 이익을 내서 돈을 불린 사람도 있습니다. 그러나 다음번 순환이 되지 않습니다. 어쩐 일인지 다음번 투자를 위한 돈이 모이지 않아 돈의 흐름이 멈춰버리는 것입니다. 그럴 때 그는 이런 생각을 하면서 부자가 되기를 포기해버립니다.

> '이상하네. 부자가 되려면 이 방법을 사용하는 게 분명한데…… 투자도 공부했는데……. 역시 월급이 오르지 않으니 부자가 못 되는 게 분명해!'

방법은 맞습니다. 그러나 이 사람은 중요한 열쇠를 알지 못합니다. 그 열쇠의 존재를 깨닫고 관리를 하지 않으면, 부자가 되는 시스템에 올라타지 못합니다. 아무리 급여 소득이 늘어도 돈이 모이지 않습니다. 투자를 해서 이익이 늘어도, 돈이 다시 순환하지 않습니다. 그 열쇠란 무엇일까요?

바로 '참조점'입니다. 참조점이란 레퍼런스 포인트reference point라고도 합니다. 절대적인 기준점이 아닌 '이동하는 기준점'이라는 의미입니다. 이렇게 말해서는 잘 모르겠지요? 중요한 단어니까 좀 더 알기 쉽게 설명해보겠습니다.

'시선의 높이'를 예로 들겠습니다. 여기에 높이 1미터의 블록 담이 있습니다. 당신에게 이 담은 높게 느껴집니까? 아마 어른인 당신에게는 그렇게 높다고는 느껴지지 않을 겁니다.

하지만 타임머신으로 어린 시절의 당신을 데려왔다고 칩시다. 아이인 당신이 이 블록 담을 보면, 그저 1미터의 담이지만 넘을 수 없는 거대한 벽으로 보이지 않을까요?

이 담은 절대적인 기준으로는 높이 1미터입니다. 높지도 낮지도 않은 그저 1미터지요. 거기에 사람의 주관이 들어가 높고 낮음을 느끼는 것입니다.

위의 경우, 성장에 따라 키가 커지면서 시선의 높이가 변화합니다. 이것이 이동하는 기준점, 참조점입니다.

또한 똑같은 사람이라고 해도, 그때그때 상황이 바뀌면 참조점은 움직입니다. 즉, 참조점은 변합니다.

다른 예를 들어볼까요. 참조점은 감각에도 영향을 줍니다. 여기에 실내온도 20도인 방이 있다고 합시다. 당신이 이 방에 들어왔을 때 덥다고 느낄까요, 아니면 춥다고 느낄까요? 대답은 그때그때 다를 것이 분명합니다.

만약 지금이 한여름이고, 당신이 밖에서 35도가 넘는 맹렬한 더위에 시달리다 이 방으로 들어왔다면 15도의 기온 차 때문에 서늘함을 느낄 겁니다.

하지만 지금이 한겨울이고 밖의 기온은 영하라고 칩시다. 눈이 날리고 손발이 얼어붙을 듯한 추위를 느끼던 당신이 이 방에 들어옵니다. 밖과의 기온 차는 20도나 됩니다. 그런 경우라면 누구라도 방 안이 따뜻하다고 느낄 겁니다. 이처럼 사람은 감각의 기준조차 간단하게 이동합니다. 이것이 이동하는 기준점, 참조점입니다.

이 참조점은, 부자가 되기 위한 시스템을 순환하게 만드는 중요한 열쇠입니다. 스스로는 '기준은 이거야! 100퍼센트 내 의지로 그렇게 생각했어! 모든 것에 대한 나의 기준점은 움직이지 않아! 내 감각은 절대적이거든!'이라고 생각한다 해도, 사실 그것은 외적요인이나 자신의 성장 상태, 주위 환경에 따라 그렇게 생각하는 것뿐입니다. 자주 겪는 일입니다.

돈에도
참조점이 있다

이야기를 원점으로 돌립시다. 수입과 소비(지출)에도 참조점이 있습니다. 그리고 참조점이 이동하면 사람들은 저축도 할 수 없고, 부자가 되는 시스템도 순환하지 못합니다. 대체 어떻게 된 일일까요?

이해하기 쉽게 돈의 참조점 변화를 보여주겠습니다. 여기서는 20만 엔(약 200만 원)이라는 금액을 살펴보겠습니다.

어린 시절 당신에게 20만 엔이라면 깜짝 놀랄 만한 큰돈이었을 겁니다. 아이가 그런 큰돈을 손에 넣는 경우는 보통 없지요. 그 정도로 터무니없이 큰돈이라고 생각되는 금액입니다.

사실 아이에게는 1만 엔(약 10만 원)도 큰 금액입니다. 지갑에 처음으로 1만 엔짜리 지폐를 넣었을 때 두근두근했던 기억이 누구에게든 있지 않습니까?

시간이 흘러, 신입사원 때로 가봅시다. 저의 첫 월급은 20만 엔 정도였습니다. 매일 밤늦게까지 일하고, 휴일에는 집에서 잠만 잘 정도로 지쳤습니다. 한 달간 선배의 잔소리를 들어가면서 필사적으로 일한 결과 통장에 들어온 돈입니다. 그렇게 힘들게 일해서 받은 귀중한 20만 엔, 상을 받은 기분이 들어서 첫 월급을 소중히 쓰자고 생각했습니다. 여러분은 어땠습니까?

지금까지 키워주신 부모님에게 감사의 기분을 담아 기념 선물을 사드린 사람도 있을 겁니다. 물론 기념 선물이라고 해도 예산은 1만 엔 정도겠지요. 그러나 그 금액은, 당시에는 전 재산의 몇 분의 1에서 몇십 분의 1 정도로 큰 가치였을 것입니다.

몇 년이 지나 일에도 적응이 되고, 회사에서 직함도 달고, 후배들이 생기고 연봉이 500만 엔(약 5,000만 원)을 넘었습니다. 그렇게 되면 의료보험이나 세금만으로도 연간 100만 엔에 가까운 금액을 납부하게 됩니다.

그러면 이번에는 어떻습니까? 아이였을 때는 상상조차 못 하는 큰 금액이었던 20만 엔이 그 정도의 가치로 느껴지지 않습니다. 1만 엔짜리 지폐를 지갑에 몇 장 넣어도, 특별히 감흥이 없습니다. 조금 비싼 레스토랑에 가서 식사를 하면 1만 엔은 금세 사라집니다. 고급 가방이나 양복은 1만 엔으로는 살 수도 없습니다. 1만 엔의 가치는 변하지 않았지만, 마치 가치가 떨어진 듯 느껴집니다. 이렇게 돈의 참조점은 수입이 늘어나면서 점점 올라가고 맙니다.

이것이 당신이 부자가 되지 못하는 가장 큰 이유입니다. 즉 앞서 말한 것처럼 부자가 되는 방법을 공부하고 깨달았다 해도, 참소섬을 의식하지 않으면 월급이 올라가는 만큼 무의식적으로 참조점도 올라갑니다. 그 결과 돈을 많이 쓰게 되고, 돈이 쌓이지 않습니다. 그래서 여유 자금이 영원히 생기지 않고, 투자할 수도 없게 됩니다.

어쩌면 당신은 힘겹게 절약한 뒤 저금을 했고, 그 돈으로 투자를 해서 꽤 높은 이익을 얻었을지 모릅니다. 그러나 '여태껏 고생했으니 나에게 선물을 좀 해주자. 이것도 가지고 싶고, 저것도 가지고 싶다. 이 정도는 사도 괜찮지 않을까?'라고 생각하고 돈을 사용해버립니다. 이익이 갑자기 손에 들어오자 참조점이 한 번에 올라가버린 것입니다.

게다가 대부분의 경우 일단 올라간 참조점은 내려가기 어렵습니다. 다시 절약을 하려고 해도 쉽지 않습니다.

만약 중견 기업에 다니는 직장인이 학생 시절에도 전혀 하지 않았던 절약 생활을 하면 어떻게 될까요? 스트레스가 단번에 쌓여 반사적으로 비싼 물건을 충동구매하고 싶어지지 않을까요?

충동구매를 하지 않으려고 필사적으로 욕구를 억누르다 보면 비참한 기분이 들 겁니다. 이렇게 되면 절약 자체가 너무나 힘들어서 우울해집니다. 가만히 생각해보면 이 사고방식과 감정은 좀 이상합니다.

왜냐하면 본인이 아무리 비참하게 느낀다 해도, 현실적으로 학생 시절보다 수입은 많기 때문입니다. 생활은 이전보다 훨씬 윤택해졌습니다. 그럼에도 불구하고 비참하게 느껴지다니 이상하지 않습니까?

잘 생각해보십시오. 첫 월급으로 20만 엔을 받았을 때 비참한 기분이었습니까? 아닐 겁니다. 오히려 자랑스러웠겠지요. 이렇게 참조점이 이동하면 기분까지 변화하고 맙니다.

달리 말하면, 수입이 늘어나면 허리띠를 졸라매는 힘이 약해져버립니다. 이래서는 아무리 시간이 흘러도 부자가 되는 순환 시스템에 들어가기 어렵습니다.

참조점을 고정하면 지출 구조가 움직인다

그러면 어떻게 이 문제를 해결할 수 있을까요? 대답은 정말 간단합니다. 의식적으로 참조점을 고정시키면 됩니다.

2장에서 자세히 설명하겠지만, 예를 들어 '20대 초반, 싱글'이라면 매월 지출하는 비용을 첫 월급인 20만 엔 이내로 제한하는 것입니다. 즉 연간 지출 비용을 240만 엔(약 2,400만 원)에 고정시킵니다.

이렇게 하면 시간이 흘러 연수입이 400만 엔이 되었을 때 매년 160만 엔을 저축할 수 있게 됩니다. 그때 비상금으로 100만 엔 정도를 남겨두고, 남은 금액을 투자로 돌립니다. 100만 엔은 첫해에만 남겨두면 되니까 다음 해부터는 160만 엔을 안정적으로 투자로 돌릴 수 있습니다. 그렇게 몇 년이 지나면 수백만 엔어치의 금융상품을 보유하게 됩니다. 바르고 건실하게 운용해 연평균 몇 퍼센트가 이익으로 돌아온다면, 연간 수십만 엔의 이익을 바랄 수 있습니다.

그 이익은 자유롭게 사용해도 시스템에 영향을 끼치지 않습니다. 해외여행을 가도 좋고, 부모님께 감사의 마음을 담아 용돈을 드려도 됩니다. 물론 옷이나 가방을 사도 괜찮습니다. 단지 수익의 범위 내에서 하는 것이 중요합니다. 그렇게 하면 시스템을 유지하는 것만으로도 매년 160만 엔은 투자하는 금액만큼 돈이 늘어나, 총수입(연수입+투자의 이익금)도 증가합니다.

물론 투자에서 얻은 이익을 저금하는 것도 좋습니다.

예를 들어 20대부터 월 몇 만 엔의 연금보험(민간보험)을 들어두면, 60세부터 10년간, 또는 평생 매년 수백만 엔 이상 개인연금을 받을 수 있습니다. 이것도 훌륭한 자산운용입니다. 단순히 저금을 하는 것보다 훨씬 이익이 될 가능성이 있습니다.

노후에 사용할 수 있는 돈이라면 공적연금도 있지만, 공적연금은 현재 기본적으로 65세부터 받을 수 있습니다(한국의 국민연금은 60세부터). 덧붙여 초고령화 사회가 도래하면 70세 이후부터 연금을 받게 될지도 모릅니다. 하루라도 빨리 은퇴해서 남은 인생을 즐겁게 보내고 싶다면, 60세부터 받을 수 있게 설정하는 개인연금은 아주 유용하다고 생각합니다. 어쩌면 그때는 투자해서 얻는 이익이 연간 수백만 엔을 넘어, 다 쓸 수 없을 정도가 될지도 모릅니다.

나이가 들면 일할 수 없다는 말이 아닙니다. 병, 사고, 가족의 간병 등 앞으로의 인생에 무슨 일이 일어날지는 아무도 모릅니다. 나이가 들어도 건강히 일할 수 있을지 어떨지도 알 수 없습니다. 그 때문에 대책을 위해서라도 이런 방법이 유용하다고 말하는 것입니다.

투자에서 얻은 이익을 재투자하는 것도 좋습니다. 이것이야말로 가장 짧은 기간에 부자가 되는 방법이라고 생각합니다. 빠른 사람은 40대에 회사를 그만두어도 될 정도로 여윳돈이 생길지 모릅니다. 어쩌면 스스로 사업을 시작하는 사람도 있을지 모릅니다.

하지만 '부자의 사고방식을 가진 직장인' 대부분은 그렇게 하지 않고, 낮에는 보통의 직장인으로 일을 계속합니다. 왜냐하면 그에게는 새로운 사업을 시작하기 위해 안정적인 직장을 그만두고, 큰돈을 투자해 거대한 리스크를 얻는 것이 매력적으로 보이지 않기 때문입니다.

그들은 무리하게 리스크를 끌어안지 않고도 직장인과 개인투자가라는 두 마리의 토끼를 잡아 안정적이고 높은 총수입을 확보합니다. '평범하게 일하면서 부자가 된다'라는 꿈같은 상황을 일부러 깨버리는 사람은 당연히 없겠지요.

또한 돈을 목적으로 일하지 않아도 된다고 생각하면, 오히려 자유롭고 즐겁게 일할 수 있어서 그만두고 싶은 기분이 들지 않습니다. 자산이 점점 불어나는 것이 즐겁기도 하고요.

부자가 되는 방법과 그 열쇠인 참조점에 대해 이제 어느 정도 이해하셨겠지요? 2장부터는 이 시스템을 더욱 원활하게 만들고 확실하게 하기 위한 지식, 연습, 사고법, 실천법을 소개하겠습니다.

POINT!

돈의 참조점을 고정함으로써 수입이 늘어나는 시스템을 만든다.

2장

부자가 돈을
쫓지 않는 이유

돈을 쫓지 않는 부자의 심리

1
부자는
인생계획표를
만든다

일에는 성실하지만
자기 인생에는 불성실한 사람들

당신이 비즈니스를 하는 사람이라면 PDCA라는 단어를 들어본 적이 있을 겁니다. 신입사원 시절에 이 단어를 비즈니스의 기본 용어로 배운 사람도 많겠지요.

PDCA란 'Plan, Do, Check, Action'이라는 영어 단어의 머리글자를 딴 것입니다. '계획을 세우고, 실행하며, 상황을 확인하고, 그에 따라 개선책을 실행한다'라는 말입니다. 이것이 제대로 되면 모든 프로젝트는 매끄럽게 진행됩니다.

당신도 평소 비즈니스 현장에서 비슷한 행동을 실천하고 있을 겁니다. 그렇습니다. 비즈니스의 현장에서만 말입니다.

당신의 인생에서는 어떻습니까? 인생에 대해서도 비즈니스처럼 PDCA를 실천하고 있습니까?

1년에 한 번은 인생의 연간 계획을 세웁니까?

한 달에 한 번은 인생의 진행 상황을 확인합니까?

3년이나 5년, 10년 동안의 긴 인생 계획은 세우고 있습니까?

대다수의 사람은 그렇지 않을 겁니다. 일을 할 때는 PDCA를 철저하게 고려하면서, 일보다 더 중요한 삶에 PDCA의 관점을 적용하지 않는다니 좀 이상하지 않은가요?

물론 일은 중요합니다. 회사 업무를 잘 해내는 것은 당신의 커리어를 위해서도 중요합니다. 그러나 당신은 회사 업무를 잘 해냄으로써 받는 월급의 수준에 만족합니까? 당신이 하는 일이 회사의 상사, 임원, 사장, 주주, 또는 경영자 일가를 부자로 만들어주는 데 더욱 기여하고 있지 않습니까?

아무리 일을 잘하는 엘리트 비즈니스맨이라도 (일부 기업을 제외하고) 직원으로 일하는 이상 동료들과 월급은 비슷합니다. 예를 들어 당신이 월급쟁이인 경우, 동기 중에서 가장 열심히 일을 한다고 해도 가장 흐리멍덩하게 일을 하는 동기와 월급은 별로 차이 나지 않습니다.

부자의 사고방식을 가진 사람은 상대방에게 일방적으로 돈을 벌어주는 일은 불공평하다라고 생각합니다. 열심히 노력한 만큼 자신에게도 돌아오는 것이 있어야 한다고 생각합니다. 그러기 위해서는 인생에서도 PDCA를 실천해야 하지 않을까요?

부자의
인생계획표

부자의 사고방식을 가진 사람은 자신의 인생 계획을 확실히 세웁니다. 파이낸셜 플래너에게 부탁해 정기적으로 인생의 PDCA를 실행하는 사람도 있습니다.

부자들의 계획표란 어떤 것일까요? 상세히 살펴봅시다.

가장 중요한 것이 PDCA 중 Plan(계획)입니다. Do, Check, Action은 비즈니스를 할 때와 같습니다.

Plan(계획)은 인생에서 중요한 일과 돈의 흐름을 하나의 표로 만든 것입니다. 인생계획표와 돈의 흐름표를 나누는 경우도 있습니다. 언뜻 보기에는 어렵게 느껴질 수도 있지만 대략적으로는 (미래의) 일기와 가계부를 연 단위로 정리한 것뿐입니다.

꼭 만들어보십시오. 노트북을 사용해 표로 만들어도 되고, 슈퍼마켓 전단지 뒷면에 그려도 됩니다. 내용은 다음과 비슷합니다.

인생계획표

단위 : 만 엔

년	2019	2020	2021	2022	2023	2024	2025	2026	2027
다로 (남편)	35세	36세	37세	38세	39세	40세	41세	42세	43세
하나코 (아내)	35세	36세	37세	38세	39세	40세	41세	42세	43세
장남	6세	7세	8세	9세	10세	11세	12세	13세	14세
장녀	1세	2세	3세	4세	5세	6세	7세	8세	9세
중요한 일	출산 초등학교 입학	새 차 구입			주택 구입	초등학교 입학	중학교 입학		차 교체
연봉	500	500	500	500	500	550	550	550	550
투자수입 (연간)	20	30	30	40	40	50	50	60	60
주거비 (대출금)	120	120	120	120	120	120	120	120	120
기본 생활비 등	240	240	240	240	240	290	290	290	290
특별 지출비	50	300			계약금 500	50	50		300
합계	110	-130	170	180	-320	140	140	200	-100
합계 저축액	410 (전년은 300)	280	450	630	310	450	590	790	690

이것은 어디까지나 간략하게 그린 예시입니다. 계획표의 항목을 순서대로 봅시다.

세로줄 위쪽부터 차례로 다음 항목을 기입합니다. 본인과 가족의 이름, 큰돈을 지출해야 하는 일(출산, 입학, 차의 구입, 주택구입 등), 급여 소득(연수입), 투자에서 얻는 예상 수익, 지출(주거비, 기본생활비, 교육비, 출산 등에 따르는 특별 지출비), 합계, 저축 잔고입니다.

맨 위 가로줄은 연도입니다. 평균수명 정도까지 장기적인 계획을 세우는 것이 좋습니다.

덧붙여 투자는 이 저축 잔고 중에서 몇 달에서 몇 년분의 기본생활비를 뺀 여유자금으로 실행하는 것이 바람직합니다. 더 정확하게는 물가나 임금 상승률을 고려해야 하지만, 이야기를 단순하게 하기 위해 생략했습니다.

다음으로는 빈칸에 숫자를 채워 넣는 일입니다. 이렇게 하면 자신이 평생 벌어들일 수 있는 수입이 어느 정도인지 대략적으로 보입니다. 또한 무슨 돈이 쓸데없는 데 쓰이고, 무슨 일에 돈을 쓰면 좋은지도 보이게 됩니다.

직장인은 수입이 비교적 안정되어 있기 때문에 평생 동안 손에 넣을 수 있는 급여 총액을 파악하기도 쉽습니다. 따라서 한정된 소득을 소비와 저축에 사용하면 좀처럼 여유로운 생활을 누릴 수 없다는 사실도 쉽게 알 수 있습니다.

너무 현실적이고 세세하게 쓰면 꿈이 들어갈 자리가 없습니다. 이왕 썼으니 현실적인 계획표 외에 한 장을 더 써봅시다. 이번에는 최대한 실현 가능한 꿈을 포함해 씁니다. 목표란 우주에 쏘아 올리는 무인 로켓이나 위성의 목적지 같다고 생각하기 때문입니다. 로켓은 성능 이상의 힘은 갑자기 낼 수 없지만, 성능의 범위 안에서라도 목적지까지밖에 도달하지 못합니다. 먼 목성까지 도달할 능력이 있는 탐사선이라 해도 목적지를 가까운 달로 설정한다면, 달까지밖에 가지 않습니다.

당신이 가지고 있는 '돈을 불리는 능력'이 어느 정도인지, 얼마나 발휘되어 목표가 이루어질지는 아무도 모릅니다. 그러나 목표를 크게 세우지 않으면 가능성 자체가 작아지고 만다고 저는 생각합니다. 그러니까 가능한 한 큰 목표를 세우는 게 좋지 않을까요?

인생계획표를 작성한 다음에는 PDCA의 사이클을 실행하면 됩니다. 계획서를 작성하고 시간이 흐르면, 현재 당신이 인생 계획에서 어느 단계에 있는지 확인할 수 있습니다. 상황이 좋아지든 나빠지든, 매번 플랜을 재작성하고, 다시 실행하면 됩니다.

부자의 사고방식을 가진 사람은 이렇게 함으로써 자신의 자산 상태가 어떤지를 파악합니다. 그래서 돈의 유용한 사용법을 더욱 장기적인 시야로 볼 수 있게 됩니다.

직장인으로서 비즈니스만 잘한다고 해서 당신이 부자가 될 수는 없습니다. 당신도 인생계획표를 만들어보는 건 어떻습니까?

POINT!

연도별 주요 목표와 돈의 흐름을 고려하여 정기적으로

인생의 PDCA를 실행하자.

2
부자는
절약하는 데
안달하지 않는다

조삼모사로
절약해서 투자를 한다

부자의 사고방식을 가진 사람은 자신의 돈이 늘어나는 방법을 언제나 탐구합니다. 그렇지만 그에 비해 별로 절약을 의식하지 않습니다.

'돈이 많으니까 절약할 생각도 안 하는 거 아니야?'라고 생각하겠지만, 이유는 그뿐만이 아닙니다. 물론 처음부터 쓸데없는 물건을 사지 않으니까 그다지 절약을 할 필요가 없다는 이유도 있겠지요. 그러나 이에 대해서도 깊이 생각해보면 의외의 근거가 보입니다.

설명을 위해 '조삼모사朝三暮四'라는 사자성어의 유래를 소개하겠습니다.

옛날 중국에 원숭이를 아주 좋아하는 남자가 있었습니다. 그는 원숭이를 여러 마리 키우고 있었는데, 주머니 사정이 나빠지자 원숭이의 먹이를 줄일 수밖에 없었습니다. 그는 원숭이들에게 이렇게 말했습니다.

"지금부터 아침에는 간식을 3개 주고, 저녁에는 4개 주겠다."

물론 원숭이들은 화를 냈습니다.

"끼- 끼-! 아침이 적잖아! 더 많이 줘!"

그는 곤란해졌습니다. 좋아하는 원숭이들에게 미움을 받기는 싫습니다. 그러나 총량인 7은 바꿀 수 없습니다. 그때 한 가지 아이디어가 떠오른 그는 이렇게 말했습니다.

"그래, 알았다. 그럼 아침을 4개로 늘려주고, 저녁을 3개

주겠다."

총량은 7개 그대로 변하지 않았지만, 상대는 원숭이입니다.

"야호! 아침이 늘었다! 좋아라! 끼야끼얏!"

이렇게 해서 원숭이들은 기뻐하고, 남자도 원숭이들과 좋은 관계를 유지한 채 절약이 가능한 상태로 쌍방이 원만한 합의를 맺을 수 있었다는 이야기입니다.

물론 이 이야기가 암시하는 교훈은 눈앞의 이익에 홀려 전체를 보지 못한다는 것이지만, 당신은 어떻게 느꼈습니까?

그저 원숭이를 비웃고 말았다면 주의해야 합니다. 이 이야기는 생각하기에 따라 정말이지 무서운 해석이 가능하기 때문입니다. 예를 들어 이런 경우입니다.

때때로 절약을 주제로 한 TV 프로그램이나 잡지의 특집을 볼 때가 있습니다. 절약의 달인이라고 불리는 사람을 보면 정말로 대단합니다. 진심으로 감탄하게 됩니다. 전기세, 수도세 등의 기본 경비부터 식비나 교통비까지 꼼꼼하게 따지며 허튼 돈은 절대 쓰지 않습니다.

저도 학생 시절이나 신입사원 때는 이 절약 테크닉에 많은 도움을 받았습니다. 지금도 따라할 수 있는 것은 따라하려고 노력합니다.

그렇지만 '절약해서 저금을 하는 행위'가 저금에서 그친다면 조삼모사나 다름없습니다.

직장인의 경우를 생각해봅시다. 수입을 7이라고 칩시다. 절약해서 지출을 4에서 3으로 줄여도 전체 합은 7 그대로입니다. 저금이 3에서 4로 늘어나는 것뿐입니다. 그 저금은 언젠가 써버리는 것이고, 만약 죽을 때까지 쓰지 않고 모으기만 하면 저축을 헛되게 하는 것입니다. 아무튼 총량은 전혀 변하지 않습니다.

'절약해서 저금한다'는 행위만을 목표로 한다면, 그저 원숭이처럼 기뻐하는 것에 지나지 않습니다. 원숭이와 똑같이 되지 않으려면 다시 한 번 지혜가 필요합니다.

그 지혜란 바로 '절약해서 저금한 돈을 다시 투자해서 불리는 일'입니다. 아침(지출)이 4에서 3으로 줄어든다고 해도, 줄어든 만큼 저축으로 돌리고 그것을 투자하면, 저녁에는 4가 아니라 5 이상으로 불어날 가능성이 있습니다. 총합이 8로도 10으로도 그 이상으로도 늘어날 수 있는 가능성이 있는 것입니다. 이것이 사람과 원숭이의 차이라고 저는 생각합니다.

물론 절약의 달인들은 이런 것 또한 통달해 있으리라 생각합니다. 그들은 절약해서 모은 큰돈을, 보이지 않는 곳에서 운용해 투자로 다시 커다란 이익을 얻고 있을지 모르는 일입니다.

부자의 사고방식을 가진 사람에게, 이런 일은 당연합니다. 그렇기 때문에 그들은 절약한다는 행위 자체에는 신경 쓰지 않습니다. 절약과 저축을 한 다음에 무엇을 하느냐가 중요합니다. 이것이 의외의 진실입니다.

 POINT!

철저한 절약보다 투자 기회를 노리는 것이 지혜롭다.

3
부자는
물건을 살 때
머릿속으로
치열하게 계산한다

부자는 최고 가성비를 내는
물건을 선물한다

부자처럼 생각하는 사람은, 타인에게 무엇을 선물할까요?

개중에는 다른 사람에게는 선물하지 않는다는(하고 싶지

않다는) 생각을 가진 사람도 있을 것입니다.

이런 사람을 일반적으로 '구두쇠'라고 합니다. 그런데

이들이 구두쇠인 데는 나름의 이유가 있습니다. 자세히 들여다볼까요?

예를 들어 지방 관광지에 가면, 별로 특별할 것도 없는 메밀국수나 샌드위치라도 비싸게 파는 경우가 많습니다. 주위에 경쟁하는 가게가 적어서겠지요. 가게 주인은, 관광지에 오는 손님은 가격이 다소 높아도 기꺼이 돈을 지불한다는 계산을 하고 있을지도 모르겠습니다.

반대로 말하면, 관광지에 가면 대부분은 분위기에 휩쓸려 지갑을 열게 됩니다. 즉 지출하는 비용, 참조점이 변동하고 맙니다.

그러나 소위 '구두쇠'는 참조점이 변하지 않습니다. '별다를 것도 없는 메밀국수나 샌드위치라면 편의점에서 사먹는 게 싸다. 일부러 비싸게 주고 사먹으면 손해다'라는 생각으로, 관광지에서도 평소처럼 편의점을 이용합니다.

저는 그런 구두쇠를 존경합니다. 보통 사람은 거의 그렇게 생각하지 못합니다. 구두쇠일수록, 돈의 참조점을 완전히 컨트롤할 수 있습니다. 일종의 하늘이 내려준 재능, 천

재적인 능력이라고 생각합니다.

그래서 저는 존경을 담아 구두쇠를 '절대금감絶對金感' 즉, '절대적인 돈의 감각'을 가진 사람이라고 부릅니다.

여러 음을 들었을 때 각각의 음을 절대적으로 구분할 수 있는 능력인 '절대음감'을 빗댄 단어입니다. 보통 사람은 기준이 되는 소리를 두고 음이 높은지 낮은지를 판단하는 상대음감을 가지고 있습니다. 보통 사람은 음의 참조점도 금세 이동합니다.

이야기를 되돌려서 구두쇠, 다시 말해 절대금감을 가진 사람은, 처음부터 다른 사람에게 선물을 할 마음이 없습니다. 하물며 다른 사람에게 현금을 준다는 것은 '말도 안 되는 일'이라고 생각합니다.

그렇다고는 해도 살다보면 감사하는 마음을 표현하거나, 좋은 일을 축하하기 위해 선물을 해야 하는 경우가 있습니다. 그럴 때 선물을 고르는 것은 중요한 일입니다. 그들은 이렇게 생각합니다.

'애써 모은 소중한 돈을 지출해서 물건을 사야 하니까, 상대
방의 인상에 확실히 남고, 반드시 기뻐할 선물을 해서 고마
워하게 만들자.'

꽤 욕심이 많네요. 자, 절대금감을 지닌 사람들은 어떤
선물을 할까요? 값비싼 물건? 현금 다발? 아닙니다. 그런
선물을 고르는 건 보통 사람입니다.

절대금감을 지닌 사람들이 선물로 고르는 것은 상대가
살 수 없는 물건은 아니지만, 절대로 스스로는 사지 않을
물건입니다.

예를 들어 선물할 상대 A씨가 대단한 애주가라고 합시
다. A씨는 평소에도 술을 한 잔 하는 시간을 무엇보다 귀
하게 여깁니다. 그러나 매일 비교적 싼 맥주나 발포주만
마십니다. 물론 근처 술을 파는 가게에 가면, 몇 천 엔으
로도 위스키나 청주, 샴페인을 살 수 있습니다. 그리고 A
씨의 지갑에는 언제나 몇 만 엔이 들어 있습니다. 게다가
은행에 저금된 돈은 수백만 엔입니다. 즉 A씨는 비싼 술

을 살 수 없는 형편이 아닙니다. 그러나 절대로 사지 않습니다.

그 이유는 A씨의 머릿속에서 술에 대한 돈의 참조점이 낮기 때문입니다. 그래서 술을 정말 좋아하지만, 절대 자기 돈으로는 한 병에 몇 천 엔 하는 술을 사지 않습니다.

물론 3억 엔 정도 하는 복권에 당첨되면 '일생에 한 번은 비싼 술을 마음껏 마실 테다'라고 생각할 수도 있겠지만, 평소에는 결코 사지 않습니다.

그런 A씨에게 절대금감을 가진 사람이 한 병에 5,000엔 (약 5만 원) 정도 하는, 좀 좋은 양주를 선물하면 어떨까요?

A씨는 정말 기뻐할 겁니다! 꼭 한번 마시고 싶었지만 자기 돈으로는 웬만하면 사지 않을 귀한 양주를 선물로 받았으니 당연합니다. A씨가 그 양주를 마실 때는 받은 사람에게 진심으로 고마워할 것입니다. A씨에게는 대단히 만족스러운 선물입니다.

이것이 부자의 사고방식을 가진 사람이 고르는 최고의 선물입니다. 절대금감을 가졌기에 최소의 비용으로 최대의 효과를 생각해내는 것입니다. 그들에게는 당연하고 기본적인 기술입니다.

재미있는 것은, 만약 양주와 비슷한 금액의 현금을 선물한다 해도 A씨는 양주를 받았을 때만큼은 기뻐하지 않습니다. 또한 그 돈으로 A씨가 5,000엔짜리 양주를 사는 일도 없습니다.

 POINT!

> 갖고 싶지만 자기 돈으로 잘 사지 않게 되는 물건을 선물하면 상대방은 크게 기뻐한다.

부자의 절대금감

부자의 사고방식을 가진 사람의 쇼핑이라면 어떤 이미지가 그려집니까? 아무리 비싼 물건이라도 고민하지 않고 가볍게 사는, 소위 배포가 큰 사람이 생각납니까?

아닙니다. 사실 그들이 쇼핑을 하는 방식은 아주 엄격합니다. 치열하게 고민을 거듭합니다. 특히 '절대금감'을 가진 사람일수록 아주 엄격해집니다. 다시 말하면 물건을 사는 행위 그 자체가 귀찮고 지치는 일입니다.

설명을 위해 먼저 질문을 해보겠습니다. 당신이라면 다음의 경우에 어떤 가게에서 우산을 사겠습니까?

휴일에 당신은 시내로 쇼핑을 하러 나갔습니다. 그런데 구름의 기운이 심상치 않더니, 지금이라도 비가 쏟아질 것 같습니다. 당신은 비닐우산을 사기로 결심합니다. 편의점에서 600엔 하는 비닐우산을 손에 들고 계산대로 갔는데, 반대편에 있는 100엔숍에서 이것과 똑같은 비닐우산을 가게 앞에 늘어놓고 파는 것이 눈에 들어옵니다(여기서는 완전히 똑같은 성능의 우산이라고 가정합니다).

당신은 600엔짜리 비닐우산을 다시 되돌려놓고 100엔

2장 부자가 돈을 쫓지 않는 이유

숍에 가서 비닐우산을 사겠습니까? 아니면 그대로 600엔
짜리 비닐우산을 사겠습니까?

합리적인 생각이라면 100엔숍에서 사는 것이 정답입니
다. 성능은 같은데 가격이 500엔이나 차이가 나기 때문입
니다. 아직 비가 오지 않으니 대부분의 사람이 그렇게 하
겠지요. 그러면 다음 질문입니다.

> 당신은 양복 가게에서 3만500엔 하는 코트를 손에 들고 계
> 산대로 향합니다. 계산대의 점원이 기분이 나빠 보입니다. 아
> 무래도 좀 전에 점장에게 잔소리를 들은 듯합니다. 그 점원이
> 계산대로 온 당신에게 이렇게 속삭입니다.
> "손님, 저쪽 가게에서는 이것과 똑같은 제품을 3만 엔에 팔고
> 있어요. 저쪽 가게에서 사는 게 더 싸요."

이번에는 어떻게 하겠습니까? 일부러 코트를 제자리에
되돌려놓고 반대편의 가게로 가겠습니까? 금액의 차이는

아까 우산과 같은 500엔입니다.

그러나 이때는 대부분의 사람이 가지 않습니다.

왜 가지 않을까요? 이익을 얻는 느낌이 거의 없기 때문입니다. 그러나 우산의 경우와 똑같은 500엔입니다. 대체 왜 이익을 얻는다는 느낌을 받을 수 없을까요? 그것은 금액의 절대치가 아니라 상대적인 값의 크기에 많은 사람들이 좌우되었기 때문입니다.

즉 무의식적으로 할인율을 계산하는 것입니다. 같은 500엔을 아낄 수 있지만 우산의 경우는 거의 80퍼센트이고, 코트는 2퍼센트 미만에 불과합니다.

그렇게 생각하는 대부분이 소위 말하는 보통 사람입니다. 그러면 부자처럼 생각하는 사람은 어떨까요?

이미 대답을 아실 겁니다. 비율이 아니라 절대적인 가치로 판단합니다. 코트의 경우에도, 겨우 500엔 차이지만 일부러 반대편의 가게로 갑니다. 돈이 있음에도 불구하고 싸게 살 수 있는 가게에서 삽니다.

그렇기에 부자들처럼 생각하는 사람의 쇼핑은 꽤 지치는 일입니다.

할인율의 함정에
속지 말자

보통 사람들이 가진 위험한 습관 중 하나가 '할인율만 보고 지출을 결정하는 것'입니다. 조금 전의 코트 금액 정도라면, 웃어넘길 수 있는 단계일지도 모릅니다. 그러나 판매가격이 비싸면 비쌀수록 폐해가 발생해서, 웃고 넘기지 못할 정도로 문제가 심각해지는 경우도 있습니다.

다음의 두 경우를 살펴봅시다.

음식점에 들어갔을 때를 상상해봅시다. 메뉴로는 고등어조림 정식 500엔짜리와 불고기전골 정식 1,000엔짜리가 있습니다. 불고기전골 정식을 먹고 싶은 경우, 당신은 꽤 고민할지도 모릅니다. 가격이 두 배나 차이 나기 때문입니다.

'과연 이 불고기전골 정식에 그만한 가치가 있을까?'

이제 조금만 있으면 저녁 시간입니다. 점심에 500엔인 고등어조림 정식을 먹는다면, 남은 500엔으로 저녁은 평소보다 좀 더 사치스러운 반찬이나 술을 반주 삼아 먹을 수 있을지도 모릅니다.

당신은 이렇게 할까 저렇게 할까 짧은 시간에 기회 손실이나 비용 대 효과를 머릿속으로 계산하고, 고등어조림 정식이나 불고기전골 정식 중 하나를 선택하게 됩니다. 겨우 500엔으로도 꽤나 고민을 하는 것이지요.

그런데 집을 살 때는 어떻습니까? 말할 필요도 없이 집은 인생에서 가장 비싼 물건입니다. 그런데 금액은 어림으로 계산할 때가 많습니다. 기본이 3,000만 엔인 집이라도 다락이나 차고, 부엌 등 조금만 자신의 취향을 담아 설계하게 되면, 금세 3,500만 엔이나 4,000만 엔 정도로 가격은 뛰어버립니다.

그럴 때 보통 사람은 할인율로 계산해버립니다. 현실에서는 집의 가격이 500만 엔이나 달라지면, 정식을 선택할 때의 가격보다 1만 배나 큰 액수입니다. 그런데도 이런

2장 부자가 돈을 쫓지 않는 이유

중대한 결정을 할 때 '16퍼센트만 돈을 더 내면 이상적인 집을 손에 넣는다'라고 경솔하게 생각해버리는 것입니다.

값비싼 물건을 살 때일수록 절대적인 금액으로 생각해야 하지 않나요? 그런데 당신은 평소에 할인율과 절대적 가치 중 어느 것으로 판단을 내립니까?

 POINT!

지출을 할 때는 반드시 가성비와 할인율을 고려한다.

4
부자는
한턱내기를
좋아한다

얻어먹는 것이
왜 손해일까?

당신은 다른 사람에게 한턱내는 것을 좋아합니까?

아니면 다른 사람에게 얻어먹는 것을 좋아합니까?

　당신이 20대 초반이라고 해도 다른 사람에게 식사를 대

접받은 경험은 있을 겁니다. 아주 비싼 고급 레스토랑에

초대받은 게 아니라도 상관없습니다. 캔 주스 하나라도 받았다면 대접받은 경험입니다.

당신에게 음식을 사준 상대방은, 비교적 당신보다 돈이 많은 사람은 아니었습니까? 당신은 다른 사람에게 대접을 받았을 때, 상대에 대해 어떻게 느꼈습니까? '기쁘다, 감사하다, 도움을 받았다'라는 감정이 들지 않았습니까?

그런데 부자의 사고방식을 가진 사람은 대부분의 경우, 그렇게는 생각하지 않습니다. 오히려 상대방에게 위화감을 가지거나 때로는 기분 나빠하기도 합니다.

그뿐 아니라 '사실은 얻어먹고 싶지 않은데……'라며 사양하고 싶어합니다. 왜 그렇게 생각하는 것일까요?

그것을 이해하기 위해 먼저, 다른 사람에게 얻어먹는 걸 편하게 생각하는 사람의 기분을 알아봅시다. 다른 사람에게 대접을 받고 편하다는 건 약간 직설적으로 말해서, 이런 뜻입니다.

'나는 당신보다 돈 모으는 능력이 약한 사람입니다.'

이래서는 싸우기도 전에 백기를 드는 것과 같습니다. 누구든 이렇게 생각해버리는 사람이 있다면, 그 사람은 부자의 사고방식과 정반대의 사고방식을 가진 사람입니다.

얻어먹는 것을 좋아하는 쪽이라도, 사준 상대방을 이렇게 생각하기도 합니다.

'왠지 기분이 나쁜데……. 이유는 잘 모르겠지만 저 사람에게 얻어먹거나 대접을 받는 건 찜찜해. 왜 그럴까?'

특히 능력이 비슷한 사람에게 얻어먹었을 때 이런 생각이 더 큽니다.

그 이유는 힘의 차이를 직감했기 때문입니다. 이것을 심리학이나 논리학에서는 발견법heuristic이라고 합니다. 명확하게 계산하거나 치밀하게 검증하지 않았지만 '그냥 아는 능력'입니다. 좀 어렵게 들릴 수도 있지만, 내용은 아주 간단합니다. 횡단보도를 건너갈 때를 예로 들어볼까요?

당신은 길을 걷고 있습니다. 차도 건너편으로 가고 싶습니다. 횡단보도를 건너야 하는데, 신호등의 파란불이 조금 전에 깜빡거리는 상태로 바뀌었습니다. 당신은 '지금 뛰어서 길을 건널 것인가' 혹은 '서서 다시 신호가 파란색으로 바뀔 때까지 기다릴 것인가'를 순간적으로 판단합니다. 이때 '그냥 아는 능력'이 발휘됩니다.

판단의 근거는 꼭 확정된 것은 아닙니다. 횡단보도의 길이, 신호등의 남은 점등시간, 당신이 걷는 속도 등 무엇 하나 명확하게 알지 못합니다. 물론 그것을 안다 해도 그 장소에 서서 치밀하게 계산을 할 수는 없습니다. 그러나 당신은 올바른 판단을 하는 경우가 많습니다. 이것이 그냥 아는 능력입니다.

이야기를 되돌려봅시다. 당신이 어떤 사람에게 식사를 대접받고 기분이 나빴다면, 그것은 당신의 직감이 '무언가'를 느꼈기 때문입니다.

무엇을 느꼈을까요? 백기를 들지 않아도 좋은 상대임을 느낀 것입니다. 횡단보도로 치면 '건널 수 있다!'라고 판단한 것입니다. 물론 이 경우에는 본능적으로 '잘 모르겠지만, 이 상대라면 이길 수 있다! 이 사람에게는 지지 않는다! 밥을 얻어먹는 것은 지는 것을 의미한다! 얻어먹고 가만히 있을 수 없다!'라고 판단을 한 것입니다. 어떤가요? 지금까지의 인생을 돌이켜봤을 때 그런 경험이 없었습니까?

당신이 신입사원이라면 사장에게 식사를 대접받아도 기분이 나쁘지는 않을 것입니다. 그것은 무의식중에 '사장에게는 이길 수 없다'라고 판단했기 때문입니다. 그러나 당신이 사장인데 신입사원에게 식사를 대접받는다면 어떨까요? 확실히 격차가 나는 아래 직원, 즉 약한 존재에게 얻어먹는 것은 참을 수 없는 일 아닐까요?

부자의 사고방식을 가진 사람에게 중요한 것은 '내가 어느 위치에 서 있는가'입니다. 가게에서 계산을 할 때는 세 가지 선택밖에 없습니다. '밥을 사준다', '밥을 얻어먹는다', '각각 계산한다'입니다. 부자의 사고방식을 가진 사람이 무엇을 선택할지는 당연합니다. 그렇습니다, 내는 쪽입니다.

대부분의 사람은 얻어먹는 쪽이 이득이라고 생각합니다. 그러나 부자들은 얻어먹으면 자신의 기분이 상하기 때문에 손해라고 생각합니다. 그래서 부자들은 (사실은 싫어도) 사람들에게 한턱내는 것을 좋아하는 것입니다.

한턱내는 배턴을 넘겨라!

예외로, 일방적으로 사주는 것이 좋은 경우도 있습니다. 동아리 선배와 후배의 관계나, 선배 직원과 신입사원의 관계입니다. 이 경우 한턱을 내는 것은 배턴 릴레이이므로, 언제나 누군가는 사게 됩니다. 왜냐하면 돈의 배턴 릴레이에서는 누구라도 공평하기 때문입니다.

배턴 릴레이는 문자 그대로 배턴을 넘기는 경기이지만,

이 경우 배턴은 돈입니다. 좁게 보면, 돈을 내는 것은 선배가 후배에게 돈을 주는 행위와 거의 비슷합니다. 금전적인 면에서 선배가 손해를 보고 후배가 이득을 보는 것입니다.

그러나 넓은 시점으로 보면, 얻어먹은 후배는 다음해에는 선배가 됩니다. 그러면 이번에는 자신이 후배에게 사주게 됩니다. 자신이 손해를 보고 새로운 후배가 이득을 보게 되는 것입니다.

작년에 먹었던 가게에서 같은 비용으로 식사를 한다면, 아무도 손해와 이득을 보지 않게 됩니다(더 정확하게 말하면, 가장 처음 선배만 손해를 보고, 가장 마지막의 후배만 이득을 봅니다).

그리고 금전적인 면에서는 손해와 이득이 없이 공평하다고 해도, 이 한턱내기 배턴 릴레이가 무의미하지는 않습니다. 릴레이의 부산물로서 선배와 후배의 인연이 강해지고, 신뢰 관계가 생겨나 인간관계는 더 돈독해지고, 동아리 활동이나 일이 원활하게 진행됩니다. 그러므로 배턴 릴레이의 경우는 안심하고 한턱내도 됩니다.

단지 사주는 일에 너무 익숙해지면 안 됩니다. 한턱을

2장 부자가 돈을 쫓지 않는 이유

내는 것은 배턴 릴레이이기 때문에 다음의 선수에게 배턴을 넘겨 한턱내게 하지 않으면 안 됩니다. 너무 사주기만 하면, 당신의 지출비 참조점은 점점 상승하고 맙니다.

이렇게 되면 사주는 것이 손해를 보는 일이 됩니다. 왜냐하면 사주는 건 잠깐일지라도, 무의식중에 올라간 참조점은 어지간해서는 낮아지지 않기 때문입니다.

 POINT!

> 부자는 '내가 어느 위치에 서 있는가'라는 기분의 참조점을 잘 관리한다.

5
부자는
가계부를 쓴다

부자가 되기 위한
최강의 도구, 가계부

부자의 사고방식을 가진 사람의 알려지지 않은 일상생활은 어떨까요? 보통의 직장인이라도 지금 바로 따라할 수 있는 부자들의 습관이 있습니다. 그것은 바로, 가계부 쓰기입니다.

당신은 가계부를 바르게 쓰고 있습니까? 쓰고 있다면 단순히 쓰는 것만으로 만족하지는 않습니까? 가끔 과거에 쓴 가계부를 살펴봅니까? 만약 가계부를 쓰지 않는 사람이 있다면, 실례되는 말이지만 저는 그 사람이 인생과 돈의 문제를 심각하게 생각하지 않는다고 말할 수밖에 없습니다.

가계부는 말하자면 기업의 결산서입니다. 만약 당신이 다니는 회사의 결산서를 본 적이 없다면 주의해야 합니다. 본 적이 없는 사람은, 당장 내일 회사에 가서 스스로 자료를 찾든지 상사에게 부탁해서 살펴봅시다. 보아도 무슨 말인지 알 수 없다면, 그 역시 주의해야 합니다. 그 회사에 대한 거의 대부분의 문제점은 결산서를 읽어보면 알 수 있기 때문입니다.

당신의 집에서는 당신이 사장입니다. 자신의 결산서인 가계부를 소홀히 할 수는 없는 노릇입니다. 일을 잘하는 사람이나 부자일수록 숫자에 민감합니다. 허투루 나가는 돈이 있으면 줄이고, 평소 숫자의 동향을 파악하고 있지 않으면 안 됩니다. 특히 보통의 직장인이 부자가 되고 싶다면, 지출 관리 능력을 키우는 것이 지름길입니다.

지금까지 가계부를 쓴 적이 없다 해도 어렵게 생각할 필요는 없습니다. 방법은 간단합니다. 매일 물건을 살 때 영수증을 받고, 집에 돌아와서 가계부에 그 내용을 적기만 하면 됩니다. 평범한 노트에 써도 괜찮고, 가계부 어플리케이션에 작성해도 괜찮습니다. 또는 서점에 가면 산처럼 많은 가계부가 줄지어 놓여 있습니다. 이중 하나를 사서 써도 좋습니다.

매일 영수증의 금액을 기입하고 나면, 월말에는 결산을 해서 이번 달에 얼마만큼 흑자를 냈는지를 체크합니다. 여기서 중요한 것은, 기입하는 것뿐만 아니라 지출비에 관한 참조점을 파악하고 고정하는 일입니다.

즉 수입이 늘어도 스스로 정한 월 지출의 상한을 바꾸지 않아야 합니다. 물론 투자로 크게 이익을 보았더라도 지출의 상한선이 변해서는 안 됩니다.

'참조점을 고정할 수 있느냐, 못 하느냐'가 부자가 될 수 있는가 아닌가를 크게 좌우한다는 것을 1장에서 말했습니다. 그리고 그것을 위한 가장 중요한 도구가 가계부입니다.

서투르거나 흥미가 없어도, 가계부 쓰기는 길게 유지하지 않으면 진정한 효과를 알기 어렵습니다. 꼭 오랜 시간 써보길 바랍니다.

 POINT!

> 가계부 쓰기는 바로 따라할 수 있는 부자 되기 습관이다.

분명히 돈이 모이는
부자들의 돈 관리 비밀

가계부를 쓸 때 참조점을 파악하고 고정하기 위해서 지출 상한선을 정한 당신은, 얼마쯤 시간이 지나면 이렇게 생각하지는 않을까요?

'매달 예산 내에서 지출을 하려고 하니 짜증이 나네. 잠깐 신경을 안 쓰면 별 쓸모도 없는 것에 많은 지출을 하게 되어버린다. 그뿐인가. 특별히 사치스러운 생활을 한 것도 아닌데 매달 빠듯하다. 좀 더 저금을 하고 싶은데……. 이래서는 투자로 돈을 돌릴 수도 없다. 그냥 다 그만두고 매달 편하게 생활할까?'

당신이 혹시 이렇게 생각했다 해도 이상한 일은 아닙니다. 결코 당신이 의지가 약한 것도 아닙니다. 왜냐하면 돈을 쓰는 것은, 정말이지 즐거운 일이기 때문입니다. 절약하는 중에 물건을 사는 건 다이어트를 하는 중에 과자를 먹는 것처럼 저항하기 힘든 유혹입니다.

그런데, 갖고 싶은 것을 마음대로 사는 생활을 한다면, 1년간 얼마나 돈이 필요할까요? 예를 들어 마음에 드는 동네에 집을 빌리고, 좋아하는 음식을 먹고, 좋아하는 물건을 사고, 좋아하는 곳으로 여행을 갑니다. 모든 것이 자유로운 생활입니다. 돈이 대략 어느 정도 있어야 할까요?

통계에 따르면 연간 평균 700~900만 엔(약 7,000~9,000

만 원)이라고 합니다. 즉 최저 수입이 800~1,000만 엔(약 8,000만 원~1억 원) 이상일 때, 처음으로 무의식중에 돈에 여유가 있다고 생각한다는 것입니다. 수입에 여유가 있다고 느끼는 수준이 월 평균 70~80만 엔(약 700~800만 원)이라니 놀랍습니다. 그렇게 하면 연간 100만 엔(약 1,000만 원), 즉 매월 약 8만 엔(약 80만 원) 이상을 저금할 수 있게 됩니다.

달리 말하면 연수입이 700만 엔 이하라면 의식적으로 절약하지 않으면 저축은 할 수 없습니다. 최근 25년 동안 통계에 따르면 직장인의 평균 연봉은 414만 엔(약 4,140만 원)입니다. 많은 사람이 무의식중에 저금을 할 수 없다(여윳돈이 없다)고 생각하는 게 당연합니다.

'여유로운 생활을 하기 위해서는 투자가 필요하다'는 이유는 1장에서 설명했지만 투자에 필요한 자금이 모이지 않기 때문에 투자를 할 수가 없습니다. 이러면 곤란합니다. 부자의 사고방식을 가진 사람은 불굴의 의지를 가진 걸까요?

물론 부자의 사고방식을 가진 사람이라도 사람입니다.

그들도 돈을 쓰고 싶을 때가 있습니다. 그러나 그들은 착실히 저축을 해서 투자할 자금을 만듭니다. 물론 수입의 많고 적음은 관계가 없습니다. 부자처럼 생각하는 사람은 연수입이 적어도, 저축을 해서 투자하기 때문에 장래에 부자가 될 수 있습니다. 그들은 대체 무엇을 어떻게 하는 걸까요?

여기서 그들이 실천하고 있는 비밀을 하나 소개하겠습니다. 《그리스 신화》에 나오는 영웅 오디세우스의 이야기에서 유래합니다. 내용은 이렇습니다.

아름다운 목소리로 뱃사람을 유혹해서 정신을 잃게 만들고, 가까이 온 배들을 난파시킨다는 세이렌이 사는 신비한 섬이 있었습니다. 오디세우스는 세이렌의 아름다운 목소리를 듣고 싶었지만 그 목소리를 듣는 날에는 선원들은 배와 함께 침몰해버리게 됩니다. 오디세우스는 꾀를 냈습니다. 배의 돛대에 자신의 몸을 밧줄로 묶고, 선원들에게는 밀랍으로 귀를 막도록 시켰습니다. 그렇게 세이렌이 사는 섬으로 가서, 오디세우스는 세이렌의 아름다운 목소리를 들을 수 있었습니다. 그리고 배에 같이 탄 선원들은 그 노래를 듣지 못했기 때문에 안전하게 바다를 건널 수 있었습니다.

그저 재치 있는 이야기 같아 보이지만, 이 신화를 당신에게 응용해봅시다.

당신은 어떻게 해서든 부자가 되고 싶은 오디세우스입니다. 그러나 물욕(세이렌의 노랫소리)에 유혹당해 돈을 도중에 써버리고 맙니다. 강제로 모으는 방법(귀를 밀랍으로 막은 선원)이 필요합니다. 그리고 날뛰는 당신을 묶어놓을 돛대와 밧줄도 필요합니다. 그것만 준비된다면 당신은 저금을 하면서 안전하게 일상생활을 보낼 수 있습니다.

강제로 돈을 모으는 방법은 정말 간단합니다. 결론을 말하면, 정기적금을 넣는 것입니다.

당신이 할 일은 매월 월급이 들어오면 일정액이 자동으로 정기적금 통장으로 빠져나가도록 해놓는 것입니다. 젊은 사람의 경우 몇 년이 지나 월급이 오르면 상승한 분만큼 다시 적금 납입액을 올리는 것을 추천합니다. 그뿐입니다. 누구라도 생각할 수 있는 방법입니다.

물론 해약하면 찾을 수 있는 돈이지만, 해약하는 일이 귀찮으므로 유혹을 효과적으로 막을 수 있습니다. 정기적금 통장은 자동으로 당신을 붙들어매는 돛대와 밧줄 역할을 해줍니다.

겨우 이뿐이지만, 대다수의 사람은 실천에 옮기지 않습니다. 실행에 옮기더라도 금액이 작습니다. 게다가 한번 납입 금액을 설정한 후에는 아무리 월급이 올라도 금액을 올리려 하지 않습니다. 결과적으로 다이어트를 하는 중에 과자에 손을 뻗치고 마는 것처럼, 늘어난 수입만큼 쓸데없는 것을 사들이고 맙니다. 이렇게 해서는 영원히 부자가 되지 못합니다.

참조점을 파악했지만 능동적으로 고정하기가 힘든 사람은 꼭 오디세우스의 지혜를 발휘하십시오. 이 방법을 듣고 이렇게 생각하는 사람도 있을지 모릅니다.

2장 부자가 돈을 쫓지 않는 이유

'월급이 올라도 저금을 늘려야 하다니, 마음대로 돈을 쓸 수 없어서 참을 수가 없어!'

오해하지 마십시오. 평범한 저금이 아닙니다. 평범한 저금은 소비의 타이밍을 뒤로 미루기 위한 인내심 대회 같은 것이지만, 이것은 궁극적으로 투자를 하기 위한 자금을 마련하는 저금입니다. 나중에 더욱 더 자신을 즐겁게 하기 위한 행동입니다.

'그래도 지출비의 상한선을 고정하면 자유롭게 쓸 수 있는 돈이 없으니 스트레스 받아!'라고 생각하는 사람이 있겠지요.

그런 사람은 매월 예산 내에서 새롭게 용돈 금액을 정하면 좋습니다. 그리고 용돈 내에서는 아무리 사치스러운 물건이나 기호품을 사도 좋습니다. 그 대신 예산은 반드시 지켜야 합니다. 몇 달이 지나면 이런저런 이유로 빠듯하게 생활하고 용돈을 쓰지 않는 달도 생길 겁니다. 그렇게 되면 남은 돈은 다음 달로 이월시킵니다. 그러면 다음 달의 용돈이 조금 늘어납니다.

그런 달이 몇 번 있으면 포상으로 이월 금액을 쓰도록 스스로 허락해줍니다. 물론 큰 금액을 쓰게 될 수도 있지요. 그러나 그것은 쓰지 않아서 돌아온(남은) 금액이므로 매월의 합계 지출비를 넘지 않습니다. 그렇게 스트레스 없이 돈을 관리할 수 있게 됩니다.

 POINT!

자동 이체를 활용하여 정기적금의 효율을 높인다.

부자는 정기 수입을 소중히 관리한다

'어느 날, 농부는 황금알을 낳는 거위를 손에 넣습니다. 처음에 농부는 거위가 낳는 황금알을 얻고 아주 만족스러워합니다. 그러나 거위는 황금알을 매일 몇 개씩만 낳습니다. 농부는 점점 불만이 쌓입니다.

한 번에 더 많은 알을 낳으란 말이야. 그래, 분명히 거위 배 속에는 금을 만드는 장치가 있을 거야. 그것을 꺼낼 수만 있다면…….

결국 농부는 거위의 배를 가릅니다. 그러나 당연히 그런 장치는 없습니다. 결과적으로 농부는 황금알도, 황금알을 낳는 거위도 모두 잃게 되었습니다.'

유명한 이솝우화 〈황금알을 낳는 거위〉의 줄거리입니다. 이 농부의 행동을 어떻게 생각합니까? 저는 그가 특별히 이상한 사람이라고 생각하지 않습니다. 보통 사람이라면 누구나 황금알을 낳는 거위의 배 속을 들여다보고 싶을 것입니다.

'그렇지 않아. 계속해서 황금알을 낳아주니까 나라면 배를 가르지 않을 거야.'

누구라도 처음에는 이렇게 생각하겠지요. 농부도 처음에는 그렇게 생각했을 겁니다. 그러나 돈을 조금 모으게 되자 변한 건 아닐까요? 무엇이 변했을까요? 그렇습니다. 이제는 익숙해진 '참조점' 말입니다. 그 결과, 농부는 부자가 되는 길에서 벗어나고 말았습니다.

이 우화에서도 사실은 참조점이 아주 큰 포인트입니다. 농부는 스스로도 깨닫지 못한 채 돈(수입)의 참조점을 올려버렸습니다. 그래서 현재에 만족하지 못하고 거위의 배를 가르고 말았습니다. 정말 심오한 교훈을 주는 우화입니다.

사실은 일상생활에서 누구나 황금알을 낳는 거위를 가지고 있습니다. 바로 급여 수입입니다. 급여 수입을 투자로 잘 돌리면, 직장인이라도 황금알을 손에 넣을 수 있습니다.

농부의 '거위 죽이기'는 바꿔 말하면 '직장인이 수입을 가장 먼저 소비해버리는 행동'입니다. 보통 사람과 부자를 가르는 것은 이 행동뿐입니다.

만약 농부가 참조점이라는 비밀 개념을 잘 알아서 그것을 컨트롤할 수 있었다면 틀림없이 큰 부자가 되었을 텐데, 안타까운 일입니다.

당신의 거위는 잘 지내고 있습니까?

 POINT!

급여는 가장 잘 관리해야 할 정기 수입이다.

3장

부자가 즐겁게
일하는 이유

돈을 쫓지 않는 부자의 심리

1
부자는 스트레스 받지 않고 즐겁게 일한다

왜 일이 재미있을까?

'부자가 되면 일을 하지 않아도 되지 않을까?'

분명히 그렇게 생각할 수도 있습니다. 그러나 부자인데도 평범한 직장 생활을 하는 사람이 꽤 많습니다. 부자인데도 왜 일을 계속하는 걸까요? 그것은 한마디로 회사 일이 재미있으니까 그만둘 마음이 들지 않는 것이겠지요.

당신이 직장인이라고 설정하고 질문해보겠습니다.

'당신은 매일 하는 일이 재미있습니까?'

'아니요'라고 말하는 사람은 부자가 되지 않더라도 일을 하고 싶지 않을 게 분명합니다.

사실 일에 관해서는, 부자가 되면 될수록 공통된 현상이 발생합니다. 그것은 총수입이 늘수록 시급이 올라간다는 것입니다. 바꿔 말하면 금액당 노동시간이 줄어든다는 것입니다. 그리고 그에 따라 일은 점점 재미있어집니다!

대체 어떻게 된 일일까요? 물론 여기서 말하는 시급은 총수입(정직원으로서의 급여+투자에서 얻는 이익)을 노동시간으로 나누어 산출한, 한 시간에 해당하는 소득입니다.

예를 들어 같은 회사에서 일하는 직장인 A씨와 B씨의 경우를 생각해봅시다. 두 사람은 같은 직장의 같은 직급이고, 같은 내용의 일을 하고 있습니다. 월급도 30만 엔(약 300만 원)으로 똑같습니다.

A씨는 월 노동시간이 160시간입니다. 투자는 하지 않습니다(수입은 급여 소득뿐). 시급으로 환산하면 한 시간당 1,875엔(약 1만8,750원)입니다.

반면에 완전히 같은 노동조건으로 일하는 B씨는 투자를 하고 있습니다. 투자 이익은 월평균 10만 엔입니다. 월급과 투자 이익을 합하면 총수입이 40만 엔입니다. 시급으로 환산하면 2,500엔(약 2만5,000원)이 됩니다.

결과적으로 부자인 B씨가, 같은 일을 하고 있어도 투자에서 얻는 이익이 있기 때문에 시급 환산을 해보면 시급이 더 높습니다. B씨는 충분한 부자라고는 할 수 없을지 모르지만 A씨보다는 부자라고 말할 수 있겠지요.

물론 시급의 증가분만큼 더 열심히 일하는 것도 아닙니다. 1장에서 소개한 것처럼 B씨의 그네를 밀고 있는 것은 B씨 자신의 돈입니다. B씨 본인은 즐겁게 지내는 것뿐입니다. 정말 유리한 조건입니다.

자, 지금부터가 재미있습니다. 시급이 높아지면 일에 대한 마음이 어떻게 변할까요?

이번에는 당신의 학창 시절로 돌아가서, 동급생 친구와 둘이서 단순한 아르바이트를 하는 자신을 상상해보십시오. 단, 같은 일을 하지만 시급은 당신이 훨씬 높다고 가정해봅시다.

일을 하면서 어떤 기분이 듭니까? 적어도 비참한 기분은 아니겠지요. 오히려 친구보다 우위에 있는 듯해 자랑하고 싶은 기분이 들지 않을까요?

정신적인 스트레스는 어떻습니까? 아마 시급이 높은 당신이 친구보다 일에서 받는 스트레스도 적지 않을까요? 어느 정도 스트레스를 받더라도 높은 수입으로 상쇄될 겁니다.

좀 더 덧붙이면, 돈이 얽히면 일의 원래 즐거움은 일그러져버립니다. 예를 들어 자원봉사 활동에는 보수가 지급되지 않습니다. 그래도 활동을 끝내면 만족감이 생겨납니다. 그러나 자원봉사 활동을 했는데 시급으로 따졌을 때 1,000원짜리 가치밖에 안 된다면 오히려 성취감이 떨어지고 봉사 활동이 싫어져버립니다. 또한 자원봉사 활동을 했는데 시급으로 따져 10만 원짜리 가치가 있는 일이었다면 봉사 활동이 더욱 즐겁게 느껴질 것입니다. 돈이 얽히면 일이 원래 가진 즐거움이 변해버리고 마는 것입니다.

부자의 사고방식을 가진 사람의 일이 재미있고 스트레스가 적은 것은, 일하는 동안 그 사람뿐 아니라 그 사람의 돈도 움직이기 때문입니다. 다시 말하면 그 사람과 그 사람의 돈이 협력하여 일하는 것입니다. 그러므로 혼자 일하는 것보다 정신적으로도 덜 지치고 즐겁습니다.

즉 점점 부자가 되어갈수록 지루한 일도 점점 즐거워집니다. 그래서 부자가 되어도 회사를 그만두는 사람이 적은 것입니다.

납득이 잘 안 되면 다시 이런 경우를 상상해봅시다. 조금 전에 말한 아르바이트에서, 같은 일을 하면서도 동급생 친구가 압도적으로 시급이 높다고 합시다. 그 경우 당신은 단번에 일이 지루해지고 짜증이 나서 팽개치고 싶어질 것입니다. 그 전에 즐거웠던 기분을 느낄 때와 일의 내용은 완전히 같은데도 말입니다.

POINT !

투자에서 돌아오는 이익을 손에 넣으면 일이 재미있어진다.

상대적인 노동시간이
줄어든다?

이제 시점을 바꾸어 월급에 해당하는 노동시간을 조금 전의 조건으로 생각해봅시다.

시급으로 1,875엔(월급 30만 엔)을 받는 A씨가, B씨가 투자해서 얻는 이익(월평균 10만 엔의 이익)과 같은 수입을 얻으려면 몇 시간을 더 일해야 할까요?

야근 수당으로 받는 임금 변동이 없다고 하면, 답은 약 53시간입니다. 즉 10만 엔을 더 벌려면 53시간을 더 일해야 합니다.

하루 8시간을 일한다고 하면, A씨는 B씨보다 매달 약 7일이나 더 일해야 하는 것입니다. 이래서는 전혀 일할 마음이 나지 않습니다.

조금 더 길게 살펴봅시다. 평생 동안 A씨가 B씨와 같은 금액을 손에 넣기 위해서는, 얼마나 긴 시간을 더 일해야 할까요? 조금 전에 살펴본 조건으로 B씨가 40년을 일하는 경우 A씨는 B씨보다 10년이나 더 일해야 같은 금액을 얻을 수 있습니다.

B씨의 입장에서 보면 그 기간만큼 돈이 대신 일해주는 것입니다. 그네에 탄 B씨의 등을 돈이 계속 밀어주는 형국입니다. 즉 부자는 투자를 해서 얻는 이익이 늘어날수록 상대적인 노동시간이 짧아집니다.

투자를 하지 않는 사람(수입이 월급뿐인 사람) 쪽에서 보면, 정말 교활하다고 생각되는 시스템이지만 현실이니 어쩔 수 없습니다.

만약 당신이 매일의 일이 지루하고, 스트레스는 점점 심해지고, 그 상태가 싫어서 견딜 수 없다면, 투자를 해서 부자가 되어야 합니다. 그래야 그 상태를 해결할 수 있습니다.

이처럼 부자는 시간당 수입이 많기 때문에 일이 재미있고, 일하고 있어도 시간이 짧게 느껴집니다. 그러니까 즐겁게 일할 수 있습니다.

일을 지속하는 것의 장점은 더 있습니다(장점이 너무 많네요). 그것은 투자의 지속 가능성sustainability을 높이는 효과입니다.

직장인으로 안정된 급여 수입이 있으면 안정적으로 투자를 할 수 있습니다(참조점 고정이 필수조건입니다). 안정된 급여 수입이 있다는 것은, 경기의 변동에 좌우되는 일 없이 일정하게 자산 형성을 하기 쉽다는 것입니다. 부자를 만들어주는 시스템이 안정되게 굴러간다는 것입니다.

당연히 일하지 않는 부자들보다 더욱 우위에 설 수 있습니다. 이것도 또한 투자를 하지 않는 사람이 보면, 실로 교활한 조건을 갖춘 것입니다.

수입의 안정성과 일의 즐거움, 양면에서 생각했을 때의 순위를 나름대로 매겨보았습니다.

1위 직장인으로서 투자를 하는 사람

(수입이 안정됨. 일이 즐거움)

2위 직장인으로서 투자를 하지 않는 사람

(수입이 안정됨. 일이 즐겁지 않음)

3위 일하지 않으면서 투자를 하는 사람

(수입이 불안정함. 일이 없음. 즐겁지 않음)

4위 일하지 않으면서 투자를 하지 않는 사람

(수입이 없음. 일이 없음. 즐겁지 않음)

이 순위도 재미있습니다.

보통 3위인 '일하지 않으면서 투자를 하는 사람'이 가장 인생을 즐겁게 살 것 같은데, 안정된 급여 소득이 없기 때문에 2위인 '직장인으로서 투자를 하지 않는 사람'보다 안정성에 져버립니다.

이것을 보면 직장인 쪽이 꽤 유리한 위치에 있음을 알 수 있습니다. 2위가 1위가 되기 위해서는 '투자'라는 개념을 빼놓아서는 안 됩니다.

덧붙여 3위인 '일하지 않으면서 투자를 하는 사람'은,

오히려 큰 부자라도 일부 예외를 제외하고는 사회적인 신용도는 거의 0에 가깝습니다. 신용도만 보면, 4위인 '일하지 않으면서 투자를 하지 않는 사람'과 거의 다르지 않습니다. 왜냐하면 일본에 개인투자가라는 직업은 없기 때문입니다.

아무리 투자만으로 수입을 얻어도, 사회적으로는 무직취급을 받습니다. 경우에 따라서는 직장인보다도 세금을 많이 낸다 해도, 역시 그렇습니다.

그뿐인가요? 일본에서 '투자만으로 생활하고 있다'고 선언하면, 오해를 불러일으켜 주위 사람들로부터 안 좋은 시선을 받을 수도 있습니다. 물론 선언하지 않으면 단순히 '무직'이라는 딱지가 붙겠지요. 따라서 투자를 하면서 직장 생활을 유지하는 것이 가장 좋은 방법입니다.

 POINT!

> 부자가 되면, 일은 본래의 재미를 되찾는다.

부자는 출세에
집착하지 않는다

여기 이미 부자가 된 직장인 E씨가 있습니다. E씨는 승진에 별로 관심이 없어 보입니다. 물론 출세욕이 전혀 없는 것은 아니지만, 보통 사람보다는 적어 보입니다. 왜 그런 것일까요? E씨의 머릿속을 잠시 들여다봅시다.

E씨의 회사 상사가 받는 월급이 매달 50만 엔(약 500만 원)이라고 합시다. 꽤 큰 금액입니다. 직장인이 수입을 올리기 위한 길은 승진이나 출세밖에 없으니, 필사적으로 일해서 위로 올라가려고 할 것입니다.

E씨의 회사 안에는 파벌을 만들어 내분을 일으키는 사람도 있습니다. 그러나 부자 직장인인 E씨의 시각으로 보면, 우습기 짝이 없습니다. 이유는 이미 상사보다 높은 수입을 벌어들이고 있기 때문입니다. 물론 월급 액수는 상사보다 작지만, 투자의 이익을 포함한 총수입은 E씨가 더 많습니다. 그러니 E씨는 승진에는 별로 집착하지 않습니다.

게다가 냉정하게 분석하면, 승진을 해도 별로 좋은 일이 없습니다. 현실적으로 회사의 주요직은 사장이나 회장이 차지하고 있는 피라미드 구조입니다.

위로 올라갈수록 한계가 있을뿐더러, 실력이 있다고 꼭 위로 갈 수 있는 것도 아닙니다. 실력과는 관계없이 사장의 친척이라는 이유로 이사 자리를 차지하는 경우도 있습니다. 회사의 안정적인 경영을 위해서는 합리적일 수도 있지만, 친척 외의 사람이라면 불합리하다고 생각할 수도 있겠지요.

더욱이 위로 올라가기 위해서는 꽤 희생을 치러야 합니다. 대부분의 경우 가정이나 자신의 건강을 희생하지 않으면 안 됩니다. 그렇게 해도 출세를 할 수 있을지 없을지는 확실하지 않습니다.

만약 초일류기업에서 중역이 된다 하더라도 가족과 보낼 시간이 없어지고, 건강이 나빠졌다면 본말이 전도되는 것 아닐까요? 그렇게 된다면 아무리 수입이 늘어나도 즐거울 리가 없습니다.

일을 그만둘 때도 마찬가지입니다. 정년퇴직을 하고 나

면 지금까지 큰 희생을 해서 쌓아올린 직급과 성과는 흔적도 없이 사라져 보통 사람이 되어버립니다.

회사 안에서 아무리 권력을 손에 넣는다 해도 그것은 그 회사 안에서만 도움이 될 뿐입니다. 극단적으로 말하면 아이들의 소꿉장난 같은 세계에서 아빠나 엄마 역할과도 같습니다. 소꿉장난이 끝나면 '자, 이제 끝!' 하는 말과 함께 그 역할은 사라지고 맙니다.

물론 일 자체도 중요하지만 개인의 인생에서는 일보다도 자신의 삶이 훨씬 중요합니다. 비즈니스는 어디까지나 인생을 풍요롭게 하기 위한 수단에 지나지 않습니다.

일 때문에 정신이 피폐해지고 인생이 소모된다는 말은 아닙니다. 그리고 투자 또한 돈을 벌기 위한 수단만은 아닙니다. 일과 투자를 잘 활용하면 일은 더욱 즐거워지고, 투자도 안정될 수 있습니다. 그렇게 하면 인생을 한층 더 빛낼 수 있지 않을까요?

POINT!

집착해야 할 것은 출세보다 투자!

2
부자는
일 처리가 빠르다

90퍼센트×2가
좋다

부자의 사고방식을 가진 사람은 항상 우위에 서려고 합니다. 일을 할 때도 마찬가지입니다. 대체 부자의 사고방식을 가진 사람은 무엇을 생각하며 일하는 것일까요?

'일을 한다는 것은 무엇인가?'라는 질문에, 저는 일은 우물의 물을 긷는 것이라고 대답합니다.

매일 아무리 열심히 일을 해도 일은 세상에서 사라지지 않습니다. 그러나 인간은 시간도 체력도 한계가 있으니 언제든, 어디서든 일을 그만하기 위한 한계선이 필요합니다. 부자의 사고방식을 가진 사람은 그렇게 확실하게 선을 그을 줄 압니다.

일의 한계선이라고 해서 '손을 놓아버린다'는 뜻이 아닙니다. 세상에는 지나칠 정도로 성실한 사람이 많습니다. 너무 성실해서 (무의식중에도) 그네를 더욱 즐겁게 타기 위한 방법을 궁리하지 않는지도 모릅니다. 자신이 즐거워지는 방법을 왜 더 적극적으로 찾지 않을까요?

물론 성실함은 좋지만 현대 사회에서는 이 점이 오히려 위험할 때도 있습니다. 컴퓨터나 인터넷의 발달로 하루하루 급격히 일에서 낭비가 없어지고 있기 때문입니다. 예전에 사람이 하던 장부 처리나 단순 작업도 점점 기계가 하고 있습니다.

현대 사회에서 한가한 일 따위는 찾아볼 수 없습니다. 버스나 전철 등의 교통기관이 대표적인 예입니다. 예전에는 매표소에서 표를 파는 사람, 개찰구에서 표를 검사하는 사람, 차 안에서 표를 확인하는 사람이 있었습니다. 세 군데나 되는 곳에서 사람이 일했습니다. 그러나 지금은 (일부를 제외하면) 그 일들을 기계가 다 합니다.

모든 직장이 마찬가지입니다. 인건비를 절감하기 위해 애를 씁니다. 그리고 남은 사람들의 일은 점점 효율화, 복잡화되고 있습니다.

경비 중 가장 큰 비율을 차지하는 것이 인건비와 원재료비입니다. 경영자로서는 생산성을 높이고 싶지만, 아무래도 인건비가 높기 때문에 직원을 무턱대고 늘릴 수는 없습니다. 직원 한 사람이 하는 일의 양을 늘리는 방법밖에 없습니다.

경영자에게는 효율화이지만, 직원에게는 업무 과중입니다. 숨을 쉴 새도 없이 일이 계속 이어집니다. 저는 옛날 사람들이 했던 일의 양보다 현대인이 하는 일의 양이 훨씬 많아졌다고 생각합니다. 하나부터 열까지 빈틈없이 해내려고 하다 보면 정신이 망가질 위험이 있습니다.

소나 말은 이틀 이상 축사에 갇혀 있으면, 스트레스를 받아 이상 행동을 보이거나 우울증에 걸린다고 합니다. 인간도 동물입니다. 적절히 스트레스를 풀어야 합니다. 100퍼센트로 일을 계속하다 보면 체력이 견디지 못합니다. 야근이라니 당치도 않은 말입니다.

부자의 사고방식을 가진 사람은 요령이 좋습니다. 투자에서도 일상생활에서도 자신을 우위에 두고 생각하기 때문입니다. 무모하게 너무 성실히 행동하지 않습니다.

투자를 생각해봅시다. 100만 엔(약 1,000만 원)어치 주식을 샀다고 생각해봅시다. 이것을 최고점에서 매도하는 일은 아주 어렵습니다. 꼬박꼬박 이익을 최대한으로 얻으려고 하면, 매도할 때를 정하기가 정말 어렵습니다. 만약 최대한의 이익을 손에 넣어도, 너무 긴 기간 자금을 가지고만 있으면 기회 손실이 발생하고 맙니다.

부자의 사고방식을 가진 사람은 어떻게 매도할 때를 정할까요?

대답은 간단합니다. 효율이 높은 방법을 선택합니다. 즉 주식을 산 후 최고점을 찍지 않아도 어느 정도 올랐을 때 팔고, 다시 내려갔을 때 사서 어느 정도 올랐을 때 파는 것을 반복합니다. 이렇게 하면 효율은 올라갑니다. 정밀도를 너무 올리려고 하면, 오히려 이익을 얻을 수 있는 기회를 놓쳐버리는 경우가 있습니다.

이야기를 일로 돌려봅시다. 그러면 어떻게 해야 일을 요령 좋게 진행할 수 있을까요?

제가 추천하는 방법은 완성도 90퍼센트의 일을 두 건 달성하는 것입니다. 즉 '대부분의 일을 90퍼센트의 완성도로 마무리한다'는 것을 의식합니다. 모든 일을 100퍼센트 완성도로 하지 말라는 뜻은 물론 아닙니다.

시간을 생각해봅시다. 어떤 일을 완벽하게 하는 데 100시간이 든다고 합시다. 이 경우 90퍼센트까지 완성을 하는 데는 50시간이면 충분합니다. 남은 10퍼센트 완성도를 채우기 위해 50시간이 소요됩니다.

게다가 신기하게도 100시간을 모두 써도 일의 완성도

는 결코 100퍼센트에 도달하지 않습니다. 심지어 열심히 노력해서 오늘 완성도 100퍼센트에 도달했다고 생각했는데 다음 날 다시 보면 100퍼센트는 아닌 경우도 많습니다.

당연합니다. 앞에서 말한 것처럼, 일은 아무리 길어도 마르지 않는 우물 같은 것입니다. 그러므로 일의 진행 과정에 자신이 납득할 만한 선을 그어놓지 않으면 안 됩니다. 그 선이란, 가장 효율적인 지점입니다.

자유 재량이 많은 일일수록 완벽함을 추구하다가는 자신이 망가집니다. 효율과 정밀도가 가장 좋은 일의 선은 이것입니다.

'50시간 안에 90퍼센트 완성도로 두 건 해낸다.'

이렇게 하면 같은 100시간에 총량으로는 180의 일의 양이 달성됩니다. 시간은 변하지 않으니 완성한 일의 양이 늘어나게 되어, 일의 양으로서는 최고의 선택이 됩니다.

물론 의료기관이나 교통기관 등 사람의 생명과 관련된 직종의 사람에게는 추천할 수 없습니다만, 평범한 직장인의 일이라면 이런 의식을 가지는 것만으로도 아주 순조롭게 일을 할 수 있습니다.

 POINT!

'100퍼센트 × 1건'보다 '90퍼센트 × 2건'을 목표로 한다.

부자는
벤치마킹을 잘한다

당신은 도둑질을 잘합니까? 물론 물건이나 돈을 훔치는 것에 대한 말이 아닙니다. 다른 사람이 가지고 있는 기술이나 방법에 관한 이야기입니다.

스포츠나 요리의 세계에서는, 정말 중요한 기술은 입으로 전하지 않습니다. 잘하는 사람의 기술을 직접 눈으로 보고, 훔쳐서 그것을 응용합니다. 당신이 부자가 되고 싶다면 부자들의 돈의 시스템, 즉 1장에서 소개한 방법을 훔쳐내어 응용하는 것이 중요합니다.

비즈니스도 똑같습니다.

자기 나름대로 열심히 노력하며 공들이는 방법도 좋지만, 좀 더 나은 방법이 있습니다. 그것은 일 잘하는 사람이 일하는 방법이나 생각을 훔치는 것입니다. 영업뿐 아니라 발상 말입니다.

일 잘하는 사람은 특별한 방법을 알고 있습니다. 그것을 훔치는 것입니다. 훔쳤는데도 아직 부족한 부분이 있다면 그때부터 자신이 직접 부딪쳐보면 됩니다. 그렇게 하는 것이 훨씬 효율이 좋습니다.

최근 산업계에서는 부정한 방법으로 최신 기술이 빠져나가는 일이 문제가 되고 있습니다. 복제를 하는 쪽은, 개발에 따른 시간과 자금을 절약할 수 있기 때문에 잘못된 줄 알면서도 일을 저지르는 것이겠지요. 그러나 저작권 침해나 특허기술 무단 사용은 범죄이므로 그냥 넘겨서는 안 됩니다. 하지만 일을 진행하는 기술이나 노하우를 습득하는 것은 범죄가 아닙니다.

편의점에 가보십시오. 어떤 편의점 체인에서 커피나 도

넛, 닭꼬치와 튀김, 어묵 등이 히트를 하면 곧 다른 편의점에서도 비슷한 상품을 진열하고 팔기 시작합니다.

자동차나 전자제품, 어떤 분야에서나 공통된 현상입니다. 다른 회사의 권리를 침해하지 않는 선에서 상품이나 서비스를 모방하고 응용하는 것은 비즈니스 전략입니다.

너무 정직한 사람은 이 방법을 교활하다고 생각할 수도 있습니다. 그러나 이것도 부자가 그네를 타는 방법과 같은 방식입니다. 일단 자신이 즐거워지는 것이 핵심입니다. 물론 전제는 타인의 이익을 방해하지 않아야 한다는 점입니다.

 POINT!

일하는 효율을 높이면서 일이 즐거워지는 방법을 진지하게 생각해보자!

3
부자는 늘
틈새를 노린다

다른 사람과
같은 행동을 하지 않는다

부자가 되기 위해서는 다른 사람과 같은 행동을 하지 않는
것도 중요합니다. 이유는 단순합니다.

인구 비율로 봤을 때 부자와 보통 사람, 어느 쪽이 많을
까요? 당연히 보통 사람 쪽이 많지요. 즉 많은 수의 사람
과 같은 행동을 하면, 어슷비슷한 수입이 되어버리고 맙니

다. 실제로 통계에 따르면 생활에 여유가 있는 사람의 비율은 대략 10명 중 1명 이하입니다.

다른 사람과 같은 행동을 하지 않는 것, 투자에서도 이것이 중요합니다. 대다수의 사람이 주식을 사지 않는 시기에는, 주가가 내려가서 싸게 살 수 있습니다. 대다수의 사람이 주식을 사는 시기에는, 싸게 샀던 주식을 비싼 가격에 팔 수 있어서 이익을 얻을 수 있습니다. 반대로, 대다수 사람과 같은 행동을 하면 이익을 얻기가 어려워집니다.

이것을 일에 응용하면 어떻게 될까요? 예를 들어 회의를 할 때 주변이 시끄러우면 입을 다물고, 주변이 조용하면 말을 하면 됩니다. 이렇게만 해도 달라집니다.

비즈니스 강연을 들을 때는 어떻습니까? 뒷좌석에 앉아서는 안 됩니다. 맨 앞자리에 자리를 잡는 것이 좋습니다.

모두가 늦게 출근한다면 일찍 출근해야 합니다. 모두가 전철 속에서 소설이나 만화책을 읽는다면, 투자에 대한 책을 읽어야 합니다.

당신의 행동이 올바르다면 소수파가 될수록, 그것만으로도 특별한 존재가 됩니다. 물론 사람들이 싫어하는 일을 하면 문제겠지만, 피해를 끼치지 않는 범위 내에서는 다른 사람과 다른 것이 나쁜 것은 아닙니다. 저는 그렇게 생각합니다.

모든 것을 다른 사람과 같은 면에서 접근하면, 같은 생각밖에 나오지 않습니다. 항상 다른 시점에서 보려는 습관을 들이는 것이 부자의 사고방식과도 가깝습니다.

처음에는 사람들과 다른 행동을 하면 부끄럽거나 '내가 틀렸나?' 하는 생각이 듭니다. 그럴 때는 다음 이야기를 떠올려주십시오.

아스팔트 틈에 핀 민들레 찾기

잠깐 도로를 살펴보십시오. 당신의 집 앞이나 당신이 출퇴근하는 도로, 어디라도 좋습니다. 아스팔트의 갈라진 틈새나 바위 틈에서 비죽비죽 민들레 같은 식물이 힘 좋게 올라와 있는 것을 볼 수 있습니다. 이런 장소에 피어 있는 식물을 보면 어떤 생각이 듭니까?

사람이 다니지 않는 빈터에 사이좋게 많이 피어 있는 풀꽃들과 비교해 어느 쪽이 행복하고 축복받은 것처럼 보입니까?

'이런 이상한 곳에 피다니 불쌍하다. 생명력이 끈질긴 씨앗이 어쩌다 살아남아 핀 거겠지.'

'빈터에 모두 사이좋게 평화롭게 피어 있는 쪽이 행복하지 않을까?'

이렇게 생각하는 사람이 반 이상일 겁니다.

한 가지 더 질문을 하겠습니다. 당신이 풀꽃이고, 뿌리 내릴 수 있는 장소를 선택할 수 있다면 '좁은 아스팔트 틈'과 '넓은 빈터' 중 어느 쪽을 택하겠습니까?

보통 사람이라면 빈터를 선택합니다. 그러나 부자의 사

고방식을 가진 사람은 아스팔트 틈새를 선택합니다.

부자처럼 생각하는 사람은 왜 아스팔트 틈새를 택할까요? 그건 사실, 빈터 쪽이 경쟁이 치열하기 때문입니다.

빈터는 분명히 식물이 자라기 쉬운 곳입니다. 그러나 그것은 경쟁자인 다른 식물에게도 마찬가지입니다. 그렇기에 한곳에 밀집되어 피어 있는 것입니다.

밀집되어 피어난 결과, 각각의 풀꽃이 모두 햇빛을 잘받지 못하고, 영양도 골고루 얻지 못합니다. 흙의 표면이 노출되어 있기 때문에 일조량이 많아지면 금세 말라버립니다.

무엇보다, 자신보다 성장이 빠른 풀꽃이 주위에 있으면 햇빛을 빼앗겨 더 크지 못합니다. 풀의 종류가 원래 크게 자라지 않는 품종이거나 개체 자체가 약한 것이 아닙니다. 자라는 장소에 따라 약해지는 것입니다. 언뜻 보면 빈터가 유리해 보이지만 사실은 생존에 불리한 장소인 것입니다.

부자의 사고방식을 가진 사람이 대다수 사람들과는 다른 선택지인 아스팔트 틈새를 고른 이유는 명확합니다. 아스팔트 틈새 쪽이 살아남기 좋은 환경이기 때문입니다.

설명을 위해 농업용 도구 하나를 소개하겠습니다.

가정에서 채소를 키우거나 농사에 대해 잘 아는 사람이라면 '멀칭비닐'이는 이름이 익숙할 겁니다. 간단히 말하면, 같은 간격으로 구멍을 낼 때 쓰는 까만 비닐 시트입니다. 이것은 아스팔트 틈새와 같은 효과를 냅니다.

즉 이것을 밭에 펼치면 지온을 일정하게 유지하고, 흙 속의 수분을 유지하며, 폭우가 내려도 뿌리를 보호할 수 있습니다. 또한 잡초가 자라는 것을 방해해서 영양분을 독점할 수 있고, 구멍이 같은 간격이므로 햇빛이 골고루 들어옵니다. 어떻습니까? 빈터보다 훨씬 좋은 장소지요?

아스팔트 틈새는 천연의 멀칭비닐입니다. 이처럼 언뜻 보면 사람들이 잘 살펴보지 않는 장소라도, 잘 보면 좋은 조건이 형성되어 있습니다.

부자의 사고방식을 가진 사람의 일도 마찬가지입니다.

그들은 들어가기 쉬워 보이는 분야나 이미 붐비고 있는 분야에 새로 참여하는 건 늦었다고 생각합니다. 왜냐하면 이미 라이벌은 많이 존재하고, 이익을 빼앗기고 있기 때문입니다. 조금만 잘못하면 이쪽이 쓰러지고 맙니다.

취직도 그렇습니다. 직장인으로서의 능력은, 같은 인간이기 때문에 실제로는 다른 사람과 그리 다르지 않습니다. 인재가 풍부한 회사에 들어가면, 그들 사이에 묻혀버립니다. 빈터의 흐늘거리는 풀도, 아스팔트의 힘 센 풀도, 종류는 같습니다. 뻗어나갈 공간이 있느냐 없느냐의 차이입니다. 인기가 없는 부서나 사무소로 이동하게 된 것은 오히려 기회일지도 모릅니다.

다른 사람과 다르게 하려고 마음먹었지만 자신이 없을 때는, 아스팔트 틈새에 핀 민들레를 바라보십시오.

 POINT!

기꺼이 소수파가 되고, 늘 다른 시점으로 보는 노력을 하자.

4
부자는 반드시
정장을 차려입고
출근한다

요리사가
넥타이를 하는 이유

질문을 해보겠습니다. 영화에 나올 법한 부자는 어떤 옷을 입고 직장에 갈까요?

제 상상으로는 맞춤 양복에 맞춤 넥타이, 맞춤 구두를 입은 모습입니다. 때로는 좋은 브랜드의 재킷과 슬랙스를 입은 모습입니다. 출근을 하는데 아무래도 너덜너덜한 점퍼에 트레이닝바지, 혹은 청바지에 운동화를 입고 신은 모습은 상상하기 힘듭니다.

당신이 떠올린 이미지도 대체로 비슷하지 않습니까? 그런데 왜 부자들의 출근 모습은 후자는 아닐까요?

'부자니까'는 아닙니다. 세상에는 정장이 아니더라도 고가의 옷이 아주 많습니다. 그럼에도 불구하고 정장을 고르는 이유는 역시 '자신을 유리한 위치에 놓기 위해서'입니다. 그래서 언제나 깔끔한 정장을 입고 출근하는 것입니다.

당신은 사무실에 앉아 일을 하는 직장인입니까? 만약 그렇다면 출근할 때의 복장은 신입사원 때부터 지금까지, 당연히 정장이겠지요. 일을 할 때 상대방도 정장을 입고 있을 테고, 집에 돌아올 때까지 옷을 바꿔 입을 필요도 없을 겁니다. 정장 외의 복장으로 일을 한다면 안 좋은 시선을 받을지도 모릅니다. 말하자면 정장이 제복입니다.

그런 분은 믿기 힘들겠지만, 직장인이라도 정장을 입지 않고 출근하는 사람은 의외로 많습니다. 즉 사복을 입고 출근하는 것입니다.

그 사람들은 주로 출근한 뒤에 작업복이나 제복으로 갈아입는 직업을 가지고 있습니다. 어차피 옷을 갈아입기 때문에 일부러 정장을 입을 필요가 없습니다. 언뜻 합리적인 듯합니다.

그러나 같은 직장에서도 (어차피 곧 제복으로 갈아입을 텐데도) 정장을 입고 출근하는 사람이 있습니다. 왜 입지 않아도 되는 정장을 입는 것일까요? 무엇이 목적일까요?

이것을 설명하기 위해서 체험담을 말해보겠습니다. 예전에 일 때문에 북유럽에 갔을 때입니다.

어느 요리학교의 입구에 요리복을 입은 요리사 조각상이 설치되어 있었습니다. 자세히 보니 이 요리사 조각상은 요리복 아래에 와이셔츠를 입고, 넥타이를 매고 있었습니다. 신기하다고 생각하면서 학교의 직원에게 물어보니 그는 이렇게 대답했습니다.

"요리사에게 요리 기술이 필요한 것은 당연하지요. 그러나 요리사도 비즈니스맨이자 경영자라는 의식이 필요합니다. 그것을 나타내기 위해 위에는 요리복을 입었지만 안에는 와이셔츠와 넥타이를 맸습니다."

또한 텔레비전 특별 방송을 보고 알았는데, 독일에서는 마이스터(장인) 제도라는, 엄격한 도제 제도가 지금도 남아 있다고 합니다. 예를 들어 고기 가게의 마이스터가 되기 위해서는, 일단 전원이 기숙사에서 지내는 고기 전문학교에 들어가지 않으면 안 됩니다.

전문학교에서의 수업은 '엄격하다'라는 한마디로 표현할 수 있습니다. 수업 외의 환경도 그렇습니다. 복장이나 머리 모양, 말투에 관해서도 규정이 있습니다. 마치 군대 같습니다. 아직 앳된 표정이 남아 있는 학생들도, 어엿한 어른이 되기 위해서 복장과 몸가짐을 강요받습니다.

저는 이런 엄격한 스타일이 그들 장래의 방향성을 정해주는 게 아닐까 생각했습니다. 만약 요리사나 고기 전문가가 넥타이를 매지 않고, 작업을 할 때만 요리복을 입고 일한다면 어떻게 될까요? 아마도 요리 솜씨나 기술은 숙달

되겠지만, 매일 맡은 일만 하고 자신의 가게를 운영하는 경영자는 영원히 될 수 없지 않을까요? 형식에서 출발하는 것은 중요한 일이라고 저는 통감했습니다.

직장에 정장을 입고 갈 필요가 없음에도 정장을 입고 출근하는 사람은, 자신의 미래의 복장을 스스로 컨트롤하고 있는 것입니다.

복장만 바꾸어도 미래가 바뀐다

과장된 이야기가 아니라, 출근 때의 복장은 그 사람의 일에도 영향을 미칩니다. 당신은 자신의 행동을 스스로 생각해서 결정한다고 생각할 것입니다. 그러나 절대 그렇지 않습니다.

예를 들어 당신이 점심시간에 음식점에 들어가, 메뉴를 펼치고 요리를 고르는 장면을 상상해보십시오. 당신이 고른(다고 생각한) 그 요리는, 다른 손님도 많이 주문하는 것입니다. 이것은 '점심시간에는 바쁘니까 효율적으로 테이블 회전을 시켜야 한다'는 가게의 영업 전략에 당신의 의지가 조작된 결과입니다. 전문적으로 말하면 당신의 의식 프레임이 조종당한 것입니다.

큰 레스토랑 체인에서는 시간대에 따라 메뉴판을 바꾸기도 합니다. 손님의 의지를 조종하는 것입니다. 재미있게도 요리를 주문한 손님은 자신의 의지가 조작당했다고 하는 부정적인 느낌은 전혀 받지 못합니다. '왜 그 요리를 골랐는가?' 하고 물으면 '그것을 먹고 싶었으니까. 가격도 적당했어'라고 그럴 듯하게 자신이 고른 이유를 대답합니다.

이에 해당하는 것이 출근할 때 입는 정장입니다. 옷차림에 따라 당신의 프레임이 이상적인 위치에 고정됩니다. 그 결과로서 비즈니스를 하는 많은 사람들은 무의식적으로 성실하고 올바른 행동을 선택하는(선택당하는) 것입니다.

만약 당신이 편한 복장으로 출근하고 있다면, 잘 갖춘 정장을 차려입는 것만으로도 미래를 크게 바꿀 수 있습니다.

POINT!

무의식의 움직임을, 의식적으로 받아들인다.

5
부자는 늘 즐겁게
일할 방법을
연구한다

세계에서 가장 간단한
비즈니스 테크닉

비즈니스에서 모든 사람에게 신뢰받고, 주위를 빛나게 하고, 자기 자신도 건강해지는 좋은 방법이 있습니다. 게다가 간단합니다. 여기서는 아사히 맥주의 중흥을 이끈 유명한 히구치 히로타로의 격언을 인용하겠습니다.

> "크게 소리를 내서 언제나 생글생글 웃으면, 대부분의 일은 잘 풀린다."

정말로 그렇습니다! 그렇다고밖에 말할 수가 없습니다.

이것은 '생글생글 웃는 사람에게 친밀감을 느낀다 → 상대방으로부터 신뢰를 받는다 → 큰일을 맡기기 쉬워진다 → 큰일을 하게 되면, 실력이 정말로 늘어난다 → 실력이 붙으면 어려운 일이 없어지기 때문에, 더욱 생글생글 웃을 수 있다'라는 좋은 순환이 만들어내는 흐름입니다.

절대 그 반대로 행동해서는 안 됩니다. 즉 작은 목소리로 대답하거나 뚱한 표정으로 있어서는 안 됩니다. 결과도 반대로 나오기 때문입니다. 직장에서 가장 큰 목소리로 인사를 하고, 언제나 생글생글 웃기를 추천합니다.

 POINT!

인사와 대답은 큰 목소리로!

책상 위는
업무의 축소판

집에서든 회사에서든 책상 위의 상태는 당신의 심리 상태를 반영합니다. 그러므로 책상 위는 언제나 깨끗하게 해두어야 합니다. 책상 앞에서 일하지 않는 사람은 작업대나 부엌, 각각의 현장을 생각해주십시오.

물론 일하는 동안에는 필요한 물건들이 이것저것 밖으로 나와 있을지 모릅니다. 그러나 일을 마칠 때가 되면 점점 물건이 줄어들어야 합니다. 그리고 일을 마친 시점에는 책상이나 작업대 위에 물건이 없는 게 이상적입니다. 이것에도 이유가 있습니다.

요리를 잘 못 하거나 손이 느린 사람에게는 공통적인 특징이 있습니다. 요리 중과 끝난 후에 부엌이 어지럽혀져 있다는 것입니다. 정확하게 말하면 부엌 조리대 위에 식재료나 조리도구 등이 모두 펼쳐져 있습니다.

부엌의 크기는 관계없습니다. 머릿속에 다음에 할 일을 결정하지 않고 일단 물건을 펼쳐놓기 때문에 생기는 일입니다. 물건을 한 번에 펼쳐놓으면 처음에는 처리하는 일이 많아 보이지만, 실제로는 효율이 낮고 간단한 것도 복잡하게 되어버립니다. 즉 스스로 일을 어렵게 만드는 꼴입니다.

이상적인 작업의 예를 들어보겠습니다. 초밥 가게나 꼬치구이 가게, 어디든 좋습니다. 주방이 보이는 곳에 앉아 조리사가 요리하는 모습을 눈앞에서 지켜보십시오. 그들의 일은 아주 정확하고 효율적입니다.

장사가 잘 되는 가게일수록 그런 경향은 뚜렷합니다. 조리대 위에는 항상 두세 개 정도의 물건만 올려져 있습니다. 요리가 완성될 때마다 도마 위는 물론, 조금 전까지 조리대에 내놓았던 그릇이나 도구도 정리합니다.

이것은 손님들의 시선이나 위생적인 면을 신경 쓰기 때문만은 아닙니다. 항상 머릿속에서 다음 행동을 예측하고, 사고와 움직임을 최적화하면서 정리하는 작업을 우선시하고 있기 때문입니다.

고작 책상 위의 이야기라고 생각할지 모르지만, 탁상공론이 절대 아닙니다. 꼭 당신의 자리를 심플하게 만들어보십시오.

우선순위를
정하자

일에서 우선순위를 정하는 것도 중요합니다.

> "우선순위 따위는 없어. 매일 맡은 일을 정해진 대로 하는 것
>
> 뿐이야."

이렇게 말하며 늘 맡은 일만 형식적으로 하는 사람은 일에서 그다지 재미를 느끼지 못합니다.

직장인은 분명히 직원이지 회사의 오너는 아닙니다. 그러나 고용된 몸이라 해도 개개인의 발상, 아이디어 같은

자유 영역까지는 회사도 간섭할 수 없습니다. 그러므로 매일 나름대로 궁리하거나 생각해서 자신의 업무에 반영해야 합니다.

회사 전체의 방침을 변경시키자는 게 아닙니다. 아주 작은 것이라도 자신만의 결정을 내리고, 더 즐겁게 일하자는 것입니다. 그 첫걸음이 바로 우선순위를 정하는 것입니다. 앞에서도 잠깐 언급했지만, 일은 우물에서 물을 긷는 것과도 같다고 저는 생각합니다. 아무리 물을 길어내어도 물이 마르지 않듯이 아무리 많이 일을 해치워도 일은 끊이지 않습니다. 그렇다면 우선순위를 정해서 어쨌든 즐겁게 하는 방법을 생각해야 합니다.

그런데 어떤 사람은 이렇게 생각합니다.

'즐겁게 하는 것이 정말로 좋은 건가요? 일을 즐겁게 하는 건 부실하게 하는 것 같고, 나에게 도움이 안 된다는 느낌이 들어요.'

제 경험을 잠깐 이야기해보겠습니다.

저는 학생 시절에 가라테를 했는데, 동아리 연습장이나 대선배들의 도장, 다른 대학교의 연습대회 등에서 강한 상대에게 배움을 받을 기회가 때때로 있었습니다. 그때마다 강한 상대는 이구동성으로 이렇게 말했습니다.

"네가 가장 즐겁게 이길 수 있는 방법을 찾아라!"

자신에게 맞는 유리한 방법으로 이기는 방법을 모색하라는 의미입니다.

가라테 시합은 토너먼트 형식으로 이루어지는데, 고교 야구와는 달리 보통은 하루 만에 우승자가 가려집니다. 큰 대회에서 우승하려면, 하루에 몇 번이나 시합을 하고 승부를 가려야 합니다. 게다가 토너먼트도 한 번으로 끝나는 것이 아닙니다. 개인전과 단체전도 있고, 사람에 따라서는 체급에 따른 시합도 있습니다.

즉 강한 선수일수록 자연히 치러야 할 시합의 수가 늘어나게 됩니다. 우승을 하려면 하루에 몇 번이나 시합을 해서 이겨야 합니다.

그래서 한 경기에 너무 진을 빼거나 비효율적으로 체력을 소모하거나 쓸데없이 시합을 길게 끌어서는 안 됩니다. 점점 체력이 떨어져 몸을 제대로 움직일 수 없게 되기 때문입니다. 이것을 방지하기 위해 필요한 것이 몸을 움직이는 방법을 궁리하는 것, 즉 전략적으로 우선순위를 정하는 것입니다. '자신이 가장 즐겁게 이기는 방법을 생각하라'는 말이 이런 뜻입니다. 부자들이 그네를 타는 방법과 닮지 않았나요?

덧붙여 시합에서 한 번 지면, 그날은 더 이상 아무것도 하지 못합니다. 토너먼트 형식이니까 당연합니다. 따라서, 약한 선수는 즐겁게 이기기 위한 방법조차 생각하려 하지 않습니다. 언제나 전력을 다해서 싸우고, 쓰러져서 집으로 돌아갑니다.

일로 말하자면 우선순위를 생각하지 않고 그저 일만 열심히 하는 것과도 같습니다. 본인은 정말 성실하지만, 사실은 대단한 실수를 반복하고 있는 것입니다.

일도 역시 부자들이 그네를 타는 방법과 같은 방식으

로 '어떻게 해야 즐거울까'를 생각하는 것이 중요합니다.

솔직히 말해 일은 어렵습니다. 스포츠 시합처럼 시간이 지난다고 끝나는 것이 아닙니다. 십 몇 년이나 싸움을 계속하지 않으면 안 됩니다. 게다가 일은 무한합니다. 정말로 힘든 싸움입니다.

우리는 프로 스포츠 선수의 일상을 보면서 '매일 하드 트레이닝을 하다니 힘들겠다'라고 생각합니다. 그러나 저는 직장인이 하는 일의 총량이 더욱 많다고 생각합니다. 그렇기에 쓸데없는 것들은 철저하게 줄이고, 최적화한 생활을 해야 합니다. 그 첫걸음이 매일 우선순위를 정해 나아가는 것입니다.

POINT!

일을 즐겁게 하는 비결은 최적화에 있다.
철저하게 즐겨보자!

4장

부자가 늘
몸가짐이
단정한 이유

돈을 쫓지 않는 부자의 심리

1
부자가 사는 집은
실내가 넓다

부자가 사는 집이
넓어 보이는 이유

당신은 부자가 사는 집에 가본 적이 있습니까? 실제로 가본 적은 없지만, 유명인의 저택을 방문하는 TV 프로그램에서 보았다 해도 괜찮습니다. 아니, 오히려 텔레비전에서 취재할 정도로 전형적인 부자의 집이라면 얘기하기가 더 쉬울지도 모르겠네요. 그런 부자들의 집을 몇 번 보면 어떤 공통점을 깨닫게 됩니다. 무엇일까요?

'실내가 넓다'는 겁니다. 부자들이 사는 집은 실내가 넓습니다. 왜 그럴까요?

'부자니까 큰 집에서 산다. 집이 크니까 실내가 넓다.'

앞에서 잠깐 언급했지만, 보통 사람들은 여기서 생각이 끝납니다. 하지만 이 질문이야말로 보통 사람이 부자가 될 수 있는지 없는지를 나누는 포인트입니다. 좀 더 깊게 생각해봅시다.

억 단위로 매매되는 도심의 맨션을 상상해보십시오. 가격도 비싸지만, 그만큼 분명히 실내 면적도 넓을 겁니다. 방 안에는 물건이 깨끗하게 정리되어 있습니다. 널찍널찍하고 시원시원한 느낌입니다.

한편 지방에 있는 단독주택은 어떻습니까? 지방으로 갈수록 땅의 가치가 낮기 때문에 집 면적은 넓어져도 가격은 쌉니다. 현실적으로는 도심의 억 단위 맨션이라 해도,

지방의 단독주택 마루와 뒷마당 면적을 합친 것보다 작은 곳이 많습니다.

시골의 커다란 집이라면 현관 면적만으로도 도심의 원룸보다 넓은 곳이 많습니다. 그렇다면 지방에 있는 모든 집의 실내가 넓게 느껴질까요?

지방에서 비교적 넓은 땅에 지어진 집이라도, 실내가 넓게 느껴지지 않는 곳이 많습니다(물론 지방에 있는 부자의 집은 집의 규모도 크고 실내도 넓습니다). 재미있지요. 자, 왜 그럴까요?

대답은 명확합니다. 물리적인 문제입니다. 즉 '가구나 물건이 많은가 적은가'의 차이입니다. 물건 사이즈의 크고 작음이나 물건의 가격은 전혀 관계가 없습니다.

의외로 부자들 집에 물건이 적고, 보통 사람들 집에 물건이 많습니다. 그렇기에 같은 거실 면적이라도 부자들의 집이 깔끔하고 넓게 느껴지는 것입니다.

보통 사람은 '돈이 없다, 집이 작아서 수납공간이 적다'

라고 말하면서도, 실내에 물건이 넘칠 정도로 쌓여 있습니다. 싼 것부터 값비싼 물건까지 다양합니다. 옷도 옷장에서 넘칠 정도로 아주 많습니다. 수납장도 언제 사용할지도 모르는 물건으로 가득합니다. 그뿐일까요? 방 안만이 아닙니다. 마룻바닥이나 계단, 현관이나 베란다, 차의 대시보드 위까지 물건들로 넘쳐납니다.

텔레비전에서 본 부자들의 집을 다시 한 번 떠올려보십시오. 억 단위 맨션의 베란다나 현관, 계단, 복도 근처에 물건이 난잡하게 놓여 있었습니까? 최고급 차 안에 물건이 어질러져 있었습니까? 그렇지 않았을 겁니다.

핵심을 말해봅시다. 왜 부자들의 방은 깨끗하게 정리되어 있을까요? 이유는 크게 두 가지입니다.

첫째 이유는 쇼핑을 할 때 지출비의 참조점이 낮거나, 참조점의 관리가 철저하기 때문입니다.

예를 들어 백화점에 갔을 때, 갖고 싶은 어떤 물건이 눈에 들어왔다고 합시다. 지갑에는 돈이 있습니다. 당신이라면 어떻게 하겠습니까?

보통 사람이라면 갖고 싶으니 살 겁니다. 그러나 부자들은 참조점을 낮춰 관리하고 있기 때문에 사지 않습니다. 그들은 절약한 돈으로 무엇을 살까요?

지금부터 둘째 이유입니다.

부자들의 집에
넘쳐나는 것

조금 전 설명과 모순되는 것처럼 들릴지도 모르겠지만, 사실은 부자들의 집에는 '어떤 물건'이 넘쳐납니다. 무엇일까요?

바로 금융상품입니다. 불필요한 가구나 작은 물건들을 사지 않는 대신, 그들은 주식이나 투자신탁을 삽니다. 지금은 주권株券 등 종이로 된 유가증권은 일반적으로 존재하지 않습니다. 모두가 전자화되어 있기 때문에 현실에서는 볼 수도 만질 수도 없습니다. 컴퓨터나 스마트폰 화면에서, 문자나 숫자로 확인할 수 있습니다. 그래서 부자들의 집은 언제나 깨끗하고 널찍한 것입니다.

물론 단순히 유가증권을 마구 사들인다는 뜻이 아닙니다. 소비나 저축할 돈을 투자로 돌리기 때문에 그 돈이 이익을 낳고, 보다 큰 총수입으로 돌아오는 것입니다. 그 결과 생활에는 더욱 더 여유가 생깁니다.

이렇게 방의 넓이와 총수입에는 의외의 관련성이 있는 것입니다. 그런데 평생 모을 수 있는 총 급여 소득이 정해진 보통의 직장인일수록, 이 경향은 거의 나타나지 않습니다.

만약 당신이 동료의 원룸에 놀러갔다고 합시다. 그 사람의 집이 이상하게 깨끗하다면, 그 사람은 투자를 하고 있을 가능성이 높습니다. 게다가 투자가로서 꽤 높은 단계에 올라 있을지도 모릅니다. 그 이유는 실내가 깨끗한 만큼 보이지 않는 금융상품이 집 안에 넘쳐날 가능성이 있기 때문입니다.

물건이 없다고 단순히 가난한 생활이라고 말할 수는 없습니다. 어쩌면 그 사람은 당신과 같은 일을 하고 당신과 같은 월급을 받고 있지만, 좋은 옷을 입고, 비싼 차를 몰고, 맛있는 음식을 먹고, 노후를 대비해 개인연금을 들고 있을지도 모릅니다. 게다가 자유롭게 쓸 수 있는 저금도 엄청나게 쌓여 있을지 모릅니다.

반대로, 당신의 방이 물건으로 넘쳐나고 있다면 이것은 적신호입니다.

앞으로도 월급은 크게 변하지 않을 테니, 생활에 여유가 생길 것인가 아닌가는 '당신의 선택'에 달려 있습니다. 선택이란 '앞으로 월급을 받는 족족 쓸 것인가, 저축한 다음 쓸 것인가, 아니면 저축한 돈을 더욱 불려서 쓸 것인가' 하는 것입니다. 어떻게 하시겠습니까?

넘쳐나는 물건의 가격은 그다지 상관이 없습니다. 싸고 비싸고의 문제가 아니라 물건이 많아질수록 여유가 줄어드는 것입니다. 무엇보다 한번 돈을 내고 산 물건은, 일단 가치가 급격하게 떨어진 후 계속해서 내려갑니다.

가치가 떨어지는 물건을 하나둘씩 사면 돈도 그만큼 줄어듭니다. 이 생활을 지속하면 언젠가는 돈 때문에 곤란해지는 게 당연합니다.

집 안에 물건이 넘쳐나는 것은 사실 기뻐할 일이 아닙니다. 심하게 말하면, 쓰레기가 가득 쌓여 있는 것과 같다고도 할 수 있습니다.

부자의 사고방식을 가진 사람은, 이론을 알지 못해도 본능적으로 그것을 인지하고 있습니다. 그렇기에 방 안을 언제나 정리하고 쓸데없는 물건을 사거나 들여놓지 않습니다. 그렇기에 부자들의 집은 언제나 넓게 느껴지는 것입니다.

 POINT!

> 보이는 물건이 아니라 보이지 않는 금융상품으로 방 안을 가득 채우자.

2
부자는
꿈과 목표를
구체적으로 말한다

부자는
늘 간절하다

당신은 새해 초에 소원을 빌었습니까?

왜 이런 질문을 하느냐고요?

예전에는 보통의 가정집 안마당에 신을 모시는 장소가 있었습니다. 부엌에는 부뚜막신이나 불의 신, 우물에는 우물의 신이나 물의 신, 신단에는 집의 신과 조상신을 모셨습니다. 조상들에게 공양을 하기 위한 불단도 있었고, 정월에는 한 해를 맞이하며 소원을 빌었습니다. 왜 그랬을까요?

스포츠나 비즈니스에는 목표나 꿈을 이루기 쉽게 해주는 공통의 테크닉이 있습니다. 그것은 '얼마나 구체적으로 꿈이나 목표를 말할 수 있는가'입니다.

부자들도 마찬가지입니다. 그들은 언제나 부자가 되고 싶다는 마음을 품고 있기 때문에 상당히 긴 시간 자신의 생각을 구체화하기 위해 노력해왔을 것입니다.

예를 들어 막연히 '부자가 되게 해주세요'라고 기도를 합니다. 처음에는 그저 생각뿐이고, 자신도 대체 어떻게 해야 하는지 잘 모릅니다. 그러다 몇 주가 지속되면 '어떻게?'라고 생각하게 됩니다. 그러는 중에 '이렇게 해서, 저렇게 해야지. 그러려면 이것이 중요하겠구나' 하고 점점 구체적인 방법을 스스로 생각하게 됩니다.

그러면 이제는 '목표를 위해 매일 아침 이렇게 해보자. 잘할 수 있게 해주세요!'라는 구체적인 선언으로 변해갑니다. 부자들은 이 일련의 사고방식을 매일매일, 그것도 몇십 년이나 반복해왔을 가능성이 큽니다.

그들이 이런 사고방식을 특별히 감추는 것도 아닙니다. 오히려 세상 사람들도 같은 것을 하고 있겠지, 하고 생각할지도 모릅니다.

결과적으로 막연했던 꿈은 세분화되어 구체적인 행동이 되고, 실현하기 쉬워집니다. 그리고 스스로의 힘으로 꿈을 이루었음에도 불구하고 (신이 있는지 없는지 저는 잘 모르겠지만) 신에게 감사를 드리게 됩니다. 그래서 부자들 중에는 신앙심이 깊은 사람이 많은 것인지도 모르겠습니다.

비즈니스도 마찬가지지만, 목표를 달성하기 위해서는 구체적으로 실행 방법을 세우는 것이 가장 효과적입니다.

기업을 예로 들면, 매일 아침 회의실에 중역들이 모여 의사결정 회의를 하는 것과 비슷합니다. 효과는 분명히 나옵니다. 만약 믿기 힘들다면 직접 시험해보십시오. 1년 동안 지속하면 목표와 행동이 명확해지고, 성과로 이어집니다.

'그런데 저는 종교가 없어서……'

상관없습니다. 기도하는 행위가 아니라 반복해서 꿈을 떠올리고 구체화하는 데 목적이 있기 때문입니다. 즉 중요한 것은 당신이 '부자가 되기 위한 습관을 가지고 있는가 아닌가'입니다.

 POINT!

> 꿈이나 목표를 이루기 위한 방법을 구체적으로 이미지화해서, 선언한다.

3
부자는
필요 없는 것은
바로 버린다

책상 위에
아무것도 두지 않는다

제안합니다. 하루라도 빨리 부자들의 사고방식을 따라해

보십시오.

지금부터 말하는 것들을 당신의 생활에 적용해보십시

오. 그러면 쓸데없는 것들은 당신의 방에서 점점 줄어들

고, 방이 넓어질뿐더러 돈도 쌓일 것입니다. 그 다음 올바

른 투자를 하면, 당신의 방은 점점 보이지 않는 금융상품으로 넘쳐날 것입니다. 부자가 되기 위한 첫 걸음입니다.

먼저, 당신 집의 책상 위를 보십시오. 식사를 하는 식탁, 노트북을 올려놓은 책상, 책을 읽고 공부를 하는 책상 전부입니다. 대부분 여러 물건들이 책상 위에 놓여 있을 겁니다. 낮에는 그렇게 두어도 괜찮습니다. 그러나 자기 전에는 아무것도 없어야 합니다. 펜 하나도 꺼내놓아서는 안 됩니다.

처음에는 망설여지겠지요. 현재 상태가 스스로 가장 완벽하다고 생각하는 상태기 때문입니다. 필요한 것은 무엇이든 손을 뻗으면 잡을 수 있고, 경우에 따라서는 하루 종일 자리를 떠나지 않아도 불편하지 않을 정도입니다. 그 정도로 정말 편리합니다.

하지만 그래서는 보통 사람을 벗어날 수 없습니다.

변하고 싶다면 부자들을 따라하는 것이 가장 손쉬운 방법입니다. 떠올려보십시오. 부자들의 집이 손만 뻗으면 무엇이든 손에 닿을 정도로 어질러져 있었나요? 아닙니다.

오히려 너무 깔끔할 정도였지요.

처음에는 무리하지 않아도 괜찮습니다. 책상 위 물건을 서랍이나 다른 곳에 그저 넣어두는 것만으로도 괜찮습니다. 이렇게 하면서 매일 밤, 책상 위의 재고 조사가 가능해집니다.

재고 조사란 일반적으로 가게 안 상품의 재고 수(재고의 총량)을 확인하는 일입니다. 가게에서는 매월, 혹은 반년에 한 번꼴로 재고 조사를 실시합니다. 그렇게 함으로써 경영자는 물건의 양을 파악할 수 있고, 기회 손실을 최소한으로 줄일 수 있습니다.

재고가 너무 많다는 것은 쓸데없이 비용을 들여 상품화했다는 말로, 돈이 올바르게 움직이고 있지 않다는 의미입니다. 썩을 위험이 없는 전자기기 같은 상품이라 해도, 팔리지 않는 상품을 그냥 두는 대신 잘 팔리는 다른 상품이나 설비에 돈을 쓴다면 더욱 돈을 모을 수 있습니다. 즉 가만히 두면 돈을 모을 수 있는 기회를 놓쳐버리는 것입니다. 이것이 기회 손실입니다.

이야기를 다시 처음으로 돌리겠습니다. 재고가 많다는

건 현금을 제대로 활용하지 못한다는 것이고, 이는 기회 손실을 발생키는 일로 직결됩니다. 그래서는 기업의 경영이 제대로 이뤄지지 않겠지요. 그래서 기업은 정기적으로 재고 조사를 하는 것입니다.

당신도 근처에 있는 책상 위를 살펴보십시오. 힘들겠지만 매일 밤 책상 위에 물건이 아무것도 없는 상태를 일단 한 달만 유지해보십시오. 왜냐하면 그 상태에 익숙해지면, 정리에 관한 참조점이 확실히 상승하기 때문입니다. 이렇게 하면 게임 끝입니다. 다시 책상 위에 물건이 어질러지면 오히려 기분이 나빠질 것입니다.

'지금에서야 말이지만, 저렇게 어질러진 책상에서 그동안 어떻게 일을 했을까?'라는 생각이 들면 일단 첫걸음은 성공입니다.

덩치가 큰 물건을
모두 처분한다

다음으로는 방의 모양을 바꾸는 데 도전해봅시다.

이것도 정말 간단합니다. 어느 것 하나 어렵지 않습니다. 방법은 냉장고나 텔레비전 등 몇 년이나 움직이지 않았던 물건을 완전히 다른 장소로 옮기는 것뿐입니다.

커다란 가전제품이나 가구를 다른 장소로 옮기려면 어떻게 해야 할까요? 그렇습니다. 새로 이동할 공간을 마련해야 합니다. 그러기 위해서는 무언가를 정리해야만 하고요.

처음 몇 달 동안은 한 달에 한 번꼴로 여유 있게 바꿔봅시다. 한 번에 모든 자리를 바꾸려고 하면 체력이 방전됩니다.

이렇게 방의 모양 바꾸기를 계속해나갈수록 점점 방이 넓어질 것입니다. 그러면 이전에 있었던 물건은 어디로 가버린 것일까요?

서랍이나 벽장, 책장, 의류 상자 등입니다. 이런 곳들에

감춰져 있습니다. 그런데 여기서 방치해버리면 의미가 없습니다. 벽장 속으로 들어간 물건들은 어느새 또다시 당신의 방을 점령하기 시작할 겁니다.

충동구매로 새로운 물건을 사도 마찬가지입니다. 이미 벽장이 가득 차 있기 때문에 책상이나 바닥을 점령해나갑니다. 결과적으로 또다시, 더욱 더 물건으로 가득한 방이 되어버립니다. 다이어트로 치자면 요요 현상입니다. 이런 일을 반복해서는 부자가 될 수 없습니다.

대책은 간단합니다. 벽장, 책장, 의류 상자를 반쯤 비워두어야 합니다. 즉 물건을 버리거나 팔아야 합니다.

상상해보십시오. 벽장은 텅텅 비고, 책장에도 책은 반만 꽂혀 있습니다. 의류 상자도 빈 상태로 무엇이든 넣을 수 있습니다. 물론 슬프지 않습니다. 머지않아 그 빈 공간에는 보이지 않는 보물들이 가득 채워질 테니까요. 당신은 마음을 굳게 먹고 처분만 하면 됩니다.

이 일련의 행동은 과거의 평범한 자신과의 결별입니다.

돈이 돈을 낳는 인생, 여유 있는 생활로 가기 위한 첫걸음을 기념하면서 과거의 쓰레기를 버리는 것입니다.

의외라고 생각할지 모르지만, 이것을 실천할 수 있느냐 실천하지 못하느냐가 당신이 부자가 될 수 있는지 평범한 사람으로 끝날지 판가름하는 갈림길이 될 것입니다.

필요 없는 것을
잘 버려야 부자가 된다

'불필요한 것을 버리거나 못 버리는 것에 따라 부자로 가는 길이 판가름 난다고? 하하하, 농담이 심하네'라고 생각하십니까? 농담이 아닙니다. 분명한 이유가 있습니다.

'성크 코스트sunk cost'라는 말을 들어보셨습니까? 직역하면 '가라앉는 비용'으로, '어떻게 해도 회수되지 않는 비용', 즉 매몰 비용을 뜻합니다.

예를 들어 큰 가전기업이 500억 엔(약 5,000억 원)이라는 거액을 들여 국내에 TV 제조 공장을 설립했다고 칩시다. 그러나 안타깝게도 21세기에 국내에서 텔레비전을 만들어서는 살아남을 수 없습니다. 싼 인건비로 고성능 제품을 만들어내는 해외 공장에서 만드는 쪽이 훨씬 이익을 낼 수 있습니다. 그러나 회사를 세우고 나서야 이 사실을 알게 되었습니다.

이것 참 큰일이지요. 이 국내 공장은 매일 적자로, 하루하루가 지날수록 수백만 엔의 빚이 늘어납니다. 만약 당신이 이 공장의 사장이라면 어떻게 하겠습니까?

만약 사장이 보통 사람이라면, 500억 엔이나 든 공장이 아까워서 폐업 처리를 하지 못할 겁니다. 그렇다고 건설비보다 싸게 팔 수도 없는 노릇입니다.

무엇보다 공장 건설 결정을 내린 자신의 체면이 깎이는 게 두려워 견딜 수가 없습니다. 적자를 거듭한 끝에 손실은 더욱 커지고, 회사의 경영이 돌이킬 수 없을 정도로 악화된 시점에서야 겨우 공장을 내놓습니다.

이미 제가 하고 싶은 말을 눈치채셨겠지요? 공장 건설 비용 500억 엔은 매몰 비용입니다. 앞으로 아무리 노력해도 회수되지 않는 금액입니다. 그러니까 깨끗이 포기하고 손에서 놓아버리는 것이 정답입니다.

만약 사장이 부자의 사고방식을 가진 사람이라면 500억 엔을 들여 지은 공장을 즉시 매각하든지 부지를 돌려놓았을 겁니다. 그리고 성공할 수 있는 다른 분야에 재투자할 겁니다. 이 선택지가 가장 손실이 적습니다.

매몰 비용의 다른 예로는 주식 투자가 있습니다.

깊이 고민하고 산 주식일수록 주가가 떨어져도 팔지 못합니다. 결과적으로 손실이 커지거나, 아무도 사지 않을 정도로 값이 떨어지고 맙니다. 그래서 오를 때까지 울며 겨자 먹기로 지니고 있는 경우가 많습니다. 부자의 사고방식을 가진 사람은 그런 경우가 없습니다. 매몰 비용은 언제든지 싹둑 잘라내버립니다.

당신의 상황에 빗대어 생각해봅시다. 당신에게는 버려야 할 옷이나 잡동사니가 500억 엔의 적자를 내는 공장이거나 주가가 떨어진 주식, 즉 매몰 비용이라고 할 수 있습니다. 어떻게 하면 좋을까요? 이제 이해하시겠지요?

그러니까 '불필요한 것을 잘 버릴 수 있는지 아닌지로 부자가 될 수 있는지 없는지가 판가름 난다'는 것입니다.

자, 이제 방 안은 거의 깨끗해졌습니다. 깨끗해지면 깨끗해질수록, 보이지 않는 금융상품이 들어갈 공간이 생겨납니다. 다음 할 일은 이 상태를 유지하는 것뿐입니다.

즉 '넓고 깨끗함을 유지하는 생활'이 '쓸데없는 물건 대신 보이지 않는 보물을 사는 여유 있는 생활'로 이어지는 것입니다. 포인트는 바지런하게 청소를 하는 것입니다. 당신의 방에 먼지를 청소하는 핸디청소기는 있습니까? 데굴데굴 굴려서 먼지를 제거하는 흡착 테이프는요? 만약 없다면 당장 사는 것을 추천합니다.

이것은 물론 매일 내킬 때마다 방의 바닥이나 책장의 먼지를 없애기 위함입니다. 이렇게 하면 빈번하게 대청소를 할 필요 없이 깨끗함을 유지할 수 있습니다.

평범한 직장인이라도, 부자의 사고방식을 지닌 사람은 젊은 시절부터 이 습관을 몸에 익혀왔기 때문에 방의 깨끗함에 대한 참조점이 높습니다. 그렇기에 부자가 되어도 바닥이나 책장은 언제나 깨끗한 상태입니다. 물건이 없기 때문에 먼지나 쓰레기가 떨어져 있으면 바로 눈에 띄어 청소할 수 있습니다. 그래서 방은 더욱 깨끗하고 넓게 느껴집니다.

이처럼 부자의 사고방식을 가진 사람이 아무렇지 않게 하는 행동에는 깊은 이유와 큰 효과가 있는 경우가 많습니다. 이유를 논리적으로 이해하느냐 못 하느냐는 관계없습니다. 꼭 따라해보십시오.

 POINT!

> 일상생활에서 기회 손실과 매몰 비용을 최소화하는 방안을 고민하자.

4
부자는
늘 재킷을 입는다

작은 차이가
모든 것을 바꾼다

이제부터는 부자의 사고방식을 가진 사람의 차림새를 관찰해보겠습니다.

그 전에 한 가지 설명할 것이 있습니다. 이 책에서 지금까지 '유리한 위치'라는 말을 여러 번 썼습니다.

'작은 이익을 얻기 위해 힘들게 노력하는 건 바보 같지 않아?'라고 생각하는 분도 있을지 모릅니다. 그러나 이 '위치'라는 건 사실 아주 중요합니다. 왜냐하면 위치를 바꿈에 따라 사람이나 물건, 돈의 가치가 무한대로 발전할 가능성이 있기 때문입니다. 한편 위치에 따라서 아무 도움도 받지 못할 가능성도 있습니다.

쇼기(장기와 비슷한 일본의 게임-옮긴이)를 예로 들어보겠습니다. 쇼기는 각각 20개의 말을 가지고 두 사람이 게임을 합니다.

쇼기 명인의 말도, 초보자의 말도 가진 능력은 똑같습니다. '보병'이라는 말은 앞으로 한 칸만 움직일 수 있습니다. '각행'이라는 말은 대각선으로만 움직일 수 있습니다. 명인이 가지고 있는 '보병'이라고 해서 앞으로 3칸을 움직일 수는 없다는 말입니다. 시간은 각각 5분이 주어집니다.

그러나 게임이 시작되면 어느새 초보자는 불리해집니다. 둘의 차이점은 무엇인가요? 말의 성능이 같으니, 다른 점은 말이 움직이는 '위치'뿐입니다. 위치가 다르기 때문에 강해지기도 하고 약해지기도 하는 것입니다.

사람, 물건, 돈도 그렇다고 저는 생각합니다. 사람으로 살아가는 이상, 본래의 성능이 하늘과 땅처럼 다르다고는 생각하지 않습니다(물론 올림픽에서 금메달을 따는 사람이나 노벨상을 받는 사람들은 예외입니다).

부자들을 가만히 관찰해보아도 보통의 사람들과 크게 다른 점은 없습니다. 신체 능력이나 지능도 일반인과 비슷합니다. 단지 말의 위치가 다른 것뿐입니다.

여기서 말이란 옷이나 가지고 있는 물건, 인간관계, 그리고 돈을 두는 장소 등입니다. 부자는 그것들을 모두 유리한 위치에 적절하게 두고 있습니다. 그리고 그 결과 쇼기의 명인과 초보자의 차이처럼 커다란 차이를 만들어냅니다.

옷이
나를 나타낸다

그러면 이제 부자의 사고방식을 가진 사람의 옷을 살펴

봅시다.

부자의 복장이라고 하면 여러 가지 이미지가 떠오를 것입니다. 여기서는 당신과 나이가 비슷한 부자들을 상상해 보십시오. 너무 나이 차이가 나는 부자를 참고하면 현실적이지 않기 때문입니다. 부자처럼 생각하는 사람의 패션을 받아들이면서 당신이 자연스럽게 우위에 서면 됩니다.

일단 오해를 바로잡아봅시다. 부자가 되는 사람의 옷장은 옷으로 흘러넘치지는 않습니다. 물론 돈이 많아지면 결국에는 옷으로 가득 차게 될지도 모르지만, 아직 걸음마 단계에 있는, 부자가 될 재능을 가진 사람의 옷장에는 옷이 적습니다. 왜 그럴까요?

필요 없는 옷은 사지 않기 때문입니다. 먼저 옷을 사는 것이 아니라, 옷을 살 돈을 투자로 돌립니다. 그리고 돈이 늘어난 다음에야 그 돈으로 옷을 삽니다. 그래서 처음에는 그렇게 옷이 많지 않습니다. 즉 부자가 될 재능이 풍부한 사람은, 옷에 쓸 돈을 투자하는 데 씁니다.

물론 옷이 적다고 해도 초라한 차림을 하는 것은 아닙니다. 언제나 깔끔한 복장을 하고 있습니다. 받쳐 입는 옷은 패스트패션으로 충분합니다. (사실은 쓰고 싶지 않은) 돈을 쓰는 곳은, 비용 대 효과를 최대로 얻을 수 있는 곳입니다.

그러면 어디에 돈을 쓸까요? 남성의 경우는 재킷입니다. 여기서 말하는 재킷은 블레이저나 정장의 상의처럼 라펠lapel이 있고, 1~3개 정도의 버튼으로 앞을 잠글 수 있는 정장 느낌의 재킷입니다. 남성은 일할 때 정장을 입고 있는 경우가 많습니다. 왜 그럴까요? '남들도 모두 입고 있으니까요'라는 이유는 아닙니다. 여기 열쇠가 있습니다.

부자의 사고방식을 가진 사람은 어디를 가도, 대부분의 경우 재킷을 입습니다. 일할 때뿐만이 아닙니다. 휴일에도 입습니다. 재킷을 입으면 사람들이 대하는 태도가 달라진다는 것을 알기 때문입니다.

재킷은 신기한 물건이라서, 세상 사람들에게 '나는 단정한 인간입니다'라는 걸 말없이 어필해줍니다. 즉 처음 만난 사람과 어울려도 자동으로 나를 우위에 서게 해주는 옷입니다. 게다가 기본을 중시한 베이직한 재킷이라면, 가격의 높고 낮음이 디자인의 차이에 별로 드러나지 않습니다. 돈을 많이 쓰지 않아도 제대로 된 느낌을 어필할 수 있는 뛰어난 물건입니다. 재킷 아래에는 깃이 있는 와이셔츠도 좋고, 티셔츠를 입어도 좋습니다. 바지는 청바지도 괜찮습니다. 재킷이 가진 정중한 느낌이 살아 있으니 조금은 편한 패션이라도 대부분의 경우 멋쟁이로 인식됩니다. 그러니 언제나 재킷을 걸치는 것입니다.

일을 할 때 정장을 입는 이유도 마찬가지입니다. 평범한 정장이라도 깃이 있는 와이셔츠를 입고 넥타이를 바르게 매면 상대에게 주는 인상은 확실히 좋아집니다. 처음 만나는 사람과 일 얘기를 할 때, 조금이라도 매끄럽게 진행하고 싶다면 정장 입기를 빼놓을 수 없습니다.

재킷을 입기만 하면 성실한 사람으로 대우를 받으니 정말 편리한 일입니다. 부자의 사고방식을 가진 사람은, 언제나 유리한 위치에 있고 싶어합니다. 언제나 사람들에게 존경받고 싶어하고, 누구에게도 지고 싶지 않다고 생각합

니다. 그러므로 첫인상부터 신경을 쓰는 것입니다. 따라하

지 않을 이유가 없습니다.

 POINT!

> 부자가 되려면 재킷을 입어라.
>
> 평일은 물론이고 휴일에도 입어라!

5
부자는
기분을 가장
중시한다

부자의 손에
주목하라

돈이 많은 여성은 값비싼 보석을 착용합니다. 액세서리는 그 사람을 여실히 나타내고, 센스가 좋으면 자동으로 유리한 위치를 얻을 수 있는 아이템이기 때문입니다.

한편 남자들의 경우에는 액세서리를 몸에 착용하는 것이 꽤 어렵습니다. 일할 때면 더욱 그렇습니다. 남성이 비즈니스 미팅 자리에서 귀걸이나 팔찌를 착용하고 있으면, 대부분 매너가 없다고 여겨지기 때문입니다.

그러나 남성이라도 부자의 사고방식을 가진 사람은 고급 액세서리를 합니다. 무엇일까요? 금목걸이나 팔찌는 아닙니다. 잘 살펴보십시오. 그것은 바로 손목시계입니다.

요즘에는 손목시계가 없어도 곤란한 일은 그리 많지 않습니다. 스마트폰을 보면 언제든지 시간을 알 수 있기 때문입니다. 극단적으로 말하면 손목시계가 없어도 일상생활에는 지장이 없습니다. 그런데도 부자의 사고방식을 가진 사람은 일부러 손목시계를 합니다.

자, 손목시계는 어떤 것입니까?

이것을 조사하는 일은 비교적 간단합니다. 유명 손목시계의 브랜드 홈페이지에서 비싼 순서대로 볼 수 있기 때문입니다. 결론을 먼저 말하자면, 그들이 차는 고급 손목시계는 기계식(태엽을 손으로 감거나 자동으로 감는) 손목시계입니다.

시계에 흥미가 없는 사람은 '기계식'이라는 말이 어렵게 느껴질 수도 있습니다. 기계식이란 내부기관에 모터나 전지를 사용하지 않는다는 의미입니다. 오래전부터 사용한 방식으로, 태엽과 톱니바퀴로 움직입니다.

놀랍게도, 기계식 손목시계에는 단점이 많습니다. 전지를 사용하지 않기에 이틀이나 사흘에 한 번씩은 사람이 직접 손으로 태엽을 감아주거나, 자동으로 태엽을 감는 경우에는 팔에 차고 움직여주어야 합니다. 그렇게 하지 않으면 시계가 멈춰버립니다.

게다가 기계식 손목시계는 톱니바퀴가 많기 때문에 윤활유가 마르면 큰일입니다. 몇 년에 한 번, 몇 만 엔을 들여 분해해서 점검을 해야 합니다. 더욱이 시간도 전자시계에 비하면 아주 조금이지만 부정확합니다. 최고급 기종이라도 예외는 없습니다.

기계식 손목시계는 아무리 비싸더라도 단점이 많습니다. 그런데도 부자들은 일부러 수십만 엔, 비싼 경우에는 수백만 엔이나 하는 시계를 사서 손목에 차고 있습니다. 대체 왜 그런 것일까요? 여기에 비밀이 있습니다.

최고 위치에 있다는
기분의 위력

당신은 살면서 1등상을 받은 경험이 있습니까? 어떤 분야나 작은 규모라도 상관없습니다. 다섯 명이 달리는 초등학교의 달리기라도 좋고, 문화적인 활동이나 학문 분야도 좋습니다.

1등상을 받으면 어떤 기분입니까? 아마 2등 이하인 기분과는 전혀 다를 것입니다. 1등이 되면 여러 사람으로부터 칭찬을 받고, 자신만만해지고 스스로 아주 멋진 인간이 된 듯한 기분이 듭니다. 의기양양해지지요.

이렇게 1등상이 주는 특별한 효과를 저는 '1등상 효과'라고 부릅니다. 그런데 사회인이 되면 1등상을 손에 넣을 기회가 거의 없습니다. 운동을 해도 언제나 나보다 잘하는 사람들이 있고, 회사에서도 1등을 하기란 사실 힘든 일입니다.

그러나 기계식 고급 손목시계를 차고 있으면 언제나 1등상을 받은 기분이 듭니다. 물론 어떤 종류의 시계든 본인이 마음속에서 '1등이다!'라고 생각하면 충분히 1등상 효과를 낼 수 있습니다.

기계식은 내구성도 좋습니다. 무엇보다 내부기관에 디지털이나 쿼츠를 사용하지 않기 때문에 정성스럽게만 다루면 오래 사용할 수 있습니다. 어느 정도일까요? 한 예로 저의 지인이 가지고 있는 기계식 시계는 80년이 지났습니다. 그 사람의 증조부 즉, 아버지의 할아버지가 산 물건이라고 합니다. 가죽 밴드 이외에는 완전히 오리지널 그대로, 하루에 늦어지는 시간은 5초 전후입니다. 정말 긴 수명을 자랑합니다. 아마 100년이 지나도 현역으로 뛰지 않을까요?

2등상 밑의 시계를 가져도 1등상 효과에 가까운 기분을 느낄 수 있습니다. 그러나 어디까지나 '가까운' 기분이라서, 역시 1등과는 다릅니다.

부자의 사고방식을 가진 사람은 언제나 1등상 기분을 느끼고 싶어합니다. 그 기분이 자신에게 가장 유리한 효과와 결과를 가져온다는 것을 알기 때문입니다. 상상해보십시오. 매일 1등상을 받는 기분이라면, 일상이 지금보다 더욱 즐겁게 느껴지지 않을까요?

최고급이 아니면
의미도 없다

물론 수백만 엔이나 하는 기계식 시계를 살 필요는 없습니다. 십 몇 만 엔 정도 하는 기계식 손목시계라도 1등상 효과를 얻을 수 있습니다.

단지 주의해야 할 것은 겉모양이 비슷한 위조품이라면 의미가 없다는 것입니다. 오히려 위조품은 역효과를 내고 맙니다.

왜 그럴까요? 대답은 행동경제학자 댄 애리얼리 교수의 실험에서 찾을 수 있습니다. 실험에서 교수는 위조품을 몸에 걸친 사람의 행동이 어떻게 변하는가를 조사했습니다.(참고문헌:《거짓말하는 착한 사람들》)

교수가 한 실험의 요점을 말하자면 '사람의 행동과 성격은 복장만으로도 변한다'는 것입니다. 구체적으로는 위조품을 걸친(또는 그렇게 생각되는) 사람은 속임수를 잘 사용한다는 것입니다. 왜 이런 실험 결과가 나오는 것일까요?

그 이유는 사람은 한 번 속임수를 쓰면 정의나 이념의 허들이 낮아지고, 거짓말을 반복하기 쉬운 특성을 가지고 있기 때문입니다. 다른 각도에서 보면, 위조품을 몸에 지니는 사람은 언제나 작은 거짓말을 하고 있는 상태입니다. 즉 위조품을 몸에 지니는 것은 결과적으로 자신을 불리한 상황에 놓아두는 것과 같습니다. 그리고 무섭게도 본인은 영원히 그렇다는 것을 깨닫지 못합니다.

이것은 부자의 사고방식을 가진 사람이 자신을 유리한 상황에 놓아두고 싶어하는 것과는 정반대의 행동입니다. 자신을 우위에 놓아두고 싶은 사람에게는 주의해야 할 행동입니다. 그러니 위조품을 가지고 있다면 바로 버리기를 권합니다. 그리고 진품을 사서 착용하십시오.

'이유는 알겠지만 1등상 효과를 위해서 손목시계에 십 몇 만 엔 이상을 쓰라니……'

이런 생각을 하는 사람도 있겠지요. 그 생각은 조금 틀렸을지도 모릅니다.

사실 십 몇 만 엔 하는 제품으로 1등상 효과를 누릴 수 있는 물건은 별로 없습니다. 같은 1등상 효과를 얻으려고 해도 차라면 수백만 엔 이상, 집이라면 수천만에서 수억 엔이 듭니다. 게다가 비즈니스 장소에는 가져갈 수도 없습니다.

물론 넥타이나 정장이라도 고급품을 구입하면 1등상 효과를 맛볼 수 있습니다. 그러나 매일 같은 것을 입을 수도 없는 노릇입니다. 매일 만족하기 위한 숫자를 갖추려면 결과적으로 기계식 손목시계보다 더 비싼 돈을 지불해야 합니다. 그리고 손목시계 외의 아이템은 아무리 고급품이라도 몇 년에서 십 몇 년이면 고장 나거나 파손되거나 낡아서 결국은 쓰레기가 됩니다.

제품 수명에 대한 비용 대비 효과로 본다면 기계식 손목시계를 능가하는 상품은 찾을 수 없습니다. 그렇기에 부자의 사고방식을 가진 사람은 언뜻 보기에는 쓸데없는 낭비라고 생각되는 기계식 손목시계를 몸에 지니고 다니는 것입니다.

 POINT!

1등상 효과를 얻기 위해 최고급 품질의 물건을 몸에 지니자.

6

부자는 늘
정중한 말투를
쓴다

부자라도 폭력적으로 이야기하면
누구나 싫어한다

스스로를 항상 유리한 위치에 놓아두는 사람의 조건은, 겉모습에서 오는 첫인상이었습니다. 다음으로 중요한 것은 내면입니다.

그러나 대부분의 경우 첫 대면을 한 사람과 가만히 이야기를 나누고 서로의 내면을 알게 되는 기회는 적습니다.

그러면 첫 대면을 한 사람의 내면을 어떻게 추측할 수 있을까요? 그리고 부자들의 사고방식을 가진 사람은 어떻게 유리한 상황에 자신을 놓으려고 할까요?

그 답은 말하는 방식입니다. 말하는 방식에 따라 상대에게 좋은 인상을 주거나 나쁜 인상을 줄 수 있기 때문입니다.

사실 대화로 유리한 위치에 서는 것은 어려운 일이 아닙니다. 보통 정중한 언어를 사용하면 됩니다. 나이가 어리고, 친구들과 대화하는 것에만 익숙한 사람은 일단 말끝마다 '~입니다', '~습니다'를 붙이는 걸 연습하면 어떨까요? 이뿐 아니라 언제나, 어디서나, 누구에게나 정중한 말투를 사용하면 좋습니다(꼭 존댓말이 아니어도 됩니다).

오해하지 않기를 바랍니다. 정중한 말투는 결코 자기를 낮추는 것이 아닙니다.

영어권 나라에 가면 입장이나 연령에 별로 관계없이 가볍게 말을 걸고 대화하는 인상을 받습니다. 그것은 상대를 아래로 보고 있어서가 아닙니다. 영어권에서는 원래부터 상하 관계라는 관념이 별로 없고, '서로 동등한 인간이다'라는 수평적인 인간관계를 상식으로 가지고 있습니다.

그러나 한국이나 일본 등 아시아권에서는 첫 대면에 상대방과 수평적인 인간관계를 실현하려 해도, 도덕적으로 '상대방을 얕잡아본다'는 인상을 강하게 주고 맙니다. 그러니 수평적인 관계를 유지하면서도 상대를 존중하고 있다는 인상을 전하기 위해서는 '~합니다', '~습니다'를 사용하면 좋다는 것입니다.

이야기를 바꿔서, 잠깐 이미지를 그려보십시오.

여기에 C씨가 있습니다. 일단 C씨는 첫눈에 보기에도 부자가 아닌 듯한 차림새입니다. 이 상황에서 C씨가 처음 만난 사람에게 친근한 말투를 사용하면 상대는 어떻게 생각할까요? 말투도 격의 없고 가끔 반말도 섞어서 말을 한다면 대부분의 사람은 '말하기 편한 사람이네'라고 생각할 것입니다.

하지만 C씨가 정중한 말투나 높임말을 사용한다면 어

떨까요? 상대방은 무의식중에 C씨가 스스로를 낮춘다는 것을 알고, 자기보다 아래에 두고 비굴한 사람이라는 딱지를 붙일 것입니다.

그럼 이번에는 C씨가 첫눈에 보기에도 부자로 보이는 차림새를 하고 있다고 해봅시다. 이 상황에서 C씨가 처음 만난 사람에게 친근한 말투를 사용하면 상대는 어떻게 느낄까요?

'C씨는 부자인데도 솔직하게 대화를 할 수 있네'라고 생각하는 사람은 적지 않을까요? 대부분의 경우 '무슨 잘난 척이야! 위에서 내려다보는 것처럼 기분 나쁘게!'라고 마음속으로 화를 낼 것입니다. 별로 좋은 인상을 느끼지는 않겠지요. 이 경우에는 C씨가 스스로 불리한 위치를 선택한 것이 됩니다.

그러나 부자로 보이는 C씨가 때때로 높임말을 섞어가며, 정중한 말투로 대화를 한다면 어떤 인상을 받을까요? 상대방은 자신이 대접받는 기분이 들지는 않을까요? 그뿐만이 아닙니다. 대화하기 쉽고 성실한 사람이라고 신뢰감을 느낄지도 모릅니다. 사람에 따라서는 존경하는 마음을 갖게 될지도 모릅니다.

여기서 C씨의 변화는 옷과 말투뿐입니다. C씨의 내면은 전혀 변하지 않았습니다. 이것을 정리해 '상대방이 받는 인상'과 '옷과 말투'의 유리함에 순위를 붙이면 이렇게 됩니다.

1위 부자로 보이는 차림새에 정중한 말투

2위 부자로 보이지 않는 차림새에 친근한 말투

3위 부자로 보이지 않는 차림새에 정중한 말투

4위 부자로 보이는 차림새에 친근한 말투

어떻습니까? 재미있는 결과지요. 부자들처럼 사고하는 사람이 어떤 것을 선택할지는 명백합니다. 당연히 1번입니다. 당신은 어떻습니까?

 POINT!

자신에게 유리한 말투를 습득하자.

7
쉽게 따라하는
부자의 몸가짐

몸가짐의 참조점이 올라가면
해결된다

이제는 지금 바로 당신이 실천할 수 있는, 부자의 사고방식을 가진 사람의 몸가짐을 알려드리겠습니다.

단어를 사용하는 건 단순합니다. 문장 끝에 '~입니다' '~습니다'를 붙이면 됩니다. 포인트는 직장에서뿐만 아니라 집에서도 그렇게 하는 것입니다.

'가족한테는 편하게 말해도 되잖아.'

이 말도 이해는 하지만, 집 안에서 사용하면 단어의 참조점을 높일 수 있을뿐더러 가족과의 의사소통도 더욱 원활해집니다. 누구나 난폭한 말투보다 정중한 말투를 좋아합니다. 그러니 일단 도전해보십시오.

다음은 복장입니다. 자, 당신이 집에서 입고 지내는 실내복을 떠올려보십시오. 어떻습니까?

만약 구깃구깃한 파자마나 다 늘어난 트레이닝복을 입고 지낸다면 위험합니다. 부자의 사고방식을 가진 사람이 집에서 너덜너덜한 옷을 입는 일은 없습니다. 언제나 단정한 몸가짐을 하고 있습니다. 바로 몸가짐의 참조점을 높이기 위해서입니다.

지출비의 참조점은 낮춰야 하지만, 몸가짐은 반대입니다. 몸가짐의 참조점을 높이는 방법은 정말 간단합니다. 가장 나쁜 복장을 가장 좋은 복장으로 바꾸는 것입니다.

파자마 외에 평상시 가장 편하게 입을 수 있는 실내복이야말로 좋은 것을 입도록 해보십시오. 그러면 어떻게 될까요? 외출할 때는 자연스럽게 그 복장보다 더 나은 모습을 하게 됩니다. 그리고 비즈니스 자리에서는 그것을 더욱 웃도는 모습을 선택하는 것이 자연스러워집니다.

복장에 관해서는 참조점을 높이는 것이 좋은 순환을 생겨나게 합니다.

첫걸음은
옷 버리기

다음으로는 옷장을 열어 옷을 한번 전부 꺼내봅시다(속옷도 포함). 아마도 바닥 한 면이 옷으로 가득찰 것입니다. 이렇게 많은 옷을 샀다면 기회 손실이 정말 큽니다. 만약 지금까지 산 양복 값을 투자로 돌렸다면, 그 이익으로 보다 좋은 품질의 옷을 한 벌, 또는 그 이상 살 수 있었을지 모릅니다. 그 정도로, 옷이 많다는 것은 그동안 지출이 많았다는 뜻입니다.

남성의 경우는 요 몇 년 간 거의 입지 않았던 정장이나 넥타이, 와이셔츠를 늘어놓고 가격을 계산해보십시오. 순식간에 싼 주식이라면 몇 개 정도를 살 수 있을 정도의 금액에 도달할 겁니다.

당연히 앞으로도 이런 상태를 지속한다면 부자는 되지 못합니다. 부자가 되지 못하는 상황에서 옷만 늘어간다면, 아무래도 값이 싼 옷만 사게 되니 부자로 보이지도 못합니다. 그 결과 역시 좋은 순환이 생겨나기 어려워집니다.

이제 당신이 해야 할 일은 빈 상자를 준비하는 것입니다. 그리고 필요 없는 옷을 차곡차곡 그 안에 넣습니다. 젊었을 때 산 싸구려 옷이나 사이즈가 맞지 않게 된 옷, 몇 년이나 입지 않은 옷 등 모두 넣습니다. 아마도 몇 상자나 나올 겁니다. 그렇게 했다면 다음은 재활용 가게에 가지고 가서 팝니다. 그냥 그대로 버려도 괜찮습니다.

만약 '처분하기 어렵다', '아까워서 버릴 수가 없다'라는 생각이 들면 매몰 비용을 생각해보십시오. 이제 두 번 다시 입지 않는 옷은 다시 되돌릴 수 없는 비용과도 같습니다. 옷장 안에 계속 넣어두어도 한푼도 나오지 않고, 회수도 할 수 없습니다.

그런 다음 방에 남은 옷은, 마음에도 들고 좋은 품질의 옷일 겁니다. 앞으로는 투자에서 이익이 생길 때, 조금씩 좋은 품질의 옷을 사서 갖춰놓으면 됩니다.

POINT!

평상시 편하게 입는 옷일수록 좋은 것을 입자.

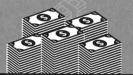

5장

부자가 투자에
실패하지
않는 이유

돈을 쫓지 않는 부자의 심리

1
부자는
실패하지 않는
투자 법칙을
알고 있다

부자도 아마추어지만
실패하지 않는다

자, 드디어 마지막 장입니다. 이 장에서는 1장에서 설명한 '부자가 되는 시스템'이 순환하는 마지막 단계, 투자에 대해 더 자세히 살펴보겠습니다.

당연한 말이지만, 투자는 본인의 책임입니다. 원금(투자한 돈)을 회수하지 못하는 경우도 있습니다. 투자는 여유

자금으로 하는 것이 대전제입니다. 만약 저축액이 50만 엔(약 500만 원)인 사람이 모든 돈을 투자로 돌리면 생각지도 못한 때 골치 아픈 상태가 되어버립니다.

이런 얘기를 듣고 투자가 무서워졌다면, 바라던 바입니다. '아무나 쉽고 빠르게 돈을 모을 수 있다는 안일한 생각으로 시작하면 호되게 당한다!'라는 마음가짐으로 온 힘을 다해 싸우길 바랍니다.

당신은 투자라는 것에 어떤 이미지를 가지고 있습니까?

'잇따라 자주 매수를 한다, 단기간에 이익을 본다, 큰 금액을 한 번에 던진다, 한 번에 돈을 쓸어 담는다, 몇 배나 되는 수익이 돌아온다, 경기가 좋을 때 주식을 산다, 투자 대상은 토지, 맨션, 주식, 채권……'

이런 이미지를 안고 있는 당신은 다수파입니다. 소수파인 부자는 되지 못할지도 모릅니다. 이런 이미지대로 투자를 하면 고도의 전문지식과 고액의 자금이 필요합니다. 한

마디로, 어렵습니다.

여태껏 살펴본 것처럼 부자의 사고방식을 가진 사람은 항상 좋은 입장, 대우, 조건을 얻기 위해 노력합니다. 투자에 대해서도 당연히 똑같습니다. 보통의 직장인이 부자가 되고 싶으면, 보통 사람과 같은 투자 방법을 택해서는 안 됩니다. 부자의 사고방식으로 투자하는 것이 가장 빠른 코스입니다.

사실 부자들 중에서도 투자 지식이 풍부한 사람은 별로 많지 않습니다. 매일의 주가가 오르는지 내려가는지도 잘 알지 못합니다. 각각 자신의 일이 있기 때문에 컴퓨터 화면을 하루 종일 들여다볼 수는 없는 노릇입니다. 부동산이나 채권에 전문 지식도 없습니다.

그런데도 부자의 사고방식을 가진 사람은 투자에서 성공합니다. 아니, 실패하지 않으니까 부자가 됩니다. 그들은 왜 아마추어인데도 성공하는 것일까요?

사실 실패하지 않는 투자란, 앞서 언급한 것과는 완전

히 반대입니다.

> '여간해서는 매수하지 않는다, 장기간에 걸쳐 운용한다, 자금
> 은 여유롭게 투자한다, 장기적으로 돈을 모은다, 경기가 좋
> 을 때는 주식을 사지 않는다, 투자 대상은 늘 잘 팔리는 국
> 내 상품.'

부자의 사고방식을 가진 사람은, 이에 입각하여 최저한
의 투자 구조를 파악하고 있습니다. 그래서 투자에 실패
를 하지 않습니다.

토끼와 거북이 중
누가 더 돈을 잘 모을까

그렇다면 왜 소수파가 되어 승부해야 할까요? 그 이유를
파헤쳐 알아내면 실패하지 않는 투자방법을 이해하는 셈
이 될 것입니다.

다수파의 투자 스타일을 전문적으로는 단기간의 '액티브 투자'라고 부릅니다. '액티브'는 활발하다는 의미입니다. 일반적인 액티브 투자가들의 논리는 이렇습니다.

'단기간의 매수를 반복해서 이익을 얻는다. 한 번 매수해서 작은 이익을 내더라도 몇 번 반복하면 커다란 이익이 된다. 100만 엔의 원금이라도 100번 매수, 매도하면 1억 엔의 원금과 같다. 무엇을 살 것인지는 명확하다. 비교적 가격이 싼 주식을 찾아서 산다.'

그렇군요. 활발하고 긍정적인 태도입니다. 〈토끼와 거북이〉 동화에 나오는 토끼와 같은 부류로 '토끼파'라고 볼 수 있습니다.

그러나 다수파가 같은 것을 생각한다면 얘기가 달라집니다. 비교적 싼 주식이 있다면, 모든 사람이 그 주식을 살 테니 그 주식은 이미 팔려서 비교적 싸지 않게 됩니다. 그리고 빠른 사람이 이기는 싸움에서는, 프로가 승리하는 것이 당연한 일입니다. 정보량이나 자금에서는 아마추어인

개인투자가들이 꿈을 이룰 리 만무합니다.

지금까지 투자를 해본 적이 없는 사람에게는 이런 설명만으로 실감이 나지 않겠지요. 액티브 투자란 아주 중요하므로, 야구 경기의 한 장면에 빗대어 설명해보겠습니다.

1루에 있는 주자가 있다. 그는 도루를 하려고 한다. '이때다!'라고 생각하는 타이밍에 2루로 달린다. 그러나 공은 이미 2루로 던져졌다. 계속 달리면 아웃이다. 다시 되돌아간다. 그러자 공이 1루로 날아온다. 이쪽으로도 저쪽으로도 갈 수 없는 상황이 되어버렸다. 주자는 1루와 2루 사이에서 오고 가기를 반복하다가 터치아웃!

한 번쯤은 본 적이 있을 겁니다. 액티브 투자에서 실패하는 예는, 이런 터치아웃과 아주 비슷합니다. 작은 이익과 작은 손실을 반복해, 깨닫고 나면 자신의 행동을 어떻게도 할 수 없는 처지가 되어 커다란 이익을 잡는 일이 아주 어려워집니다. 그러나 그것은 자신이 출랑거리며 움직였기 때문입니다. 개인의 투자는 빨리 진행할수록 어려워지고, 빈번하게 매수를 할수록 자신의 움직임을 제어할 수 없게 된다고 저는 생각합니다.

보기 드물게 단기간에 매수로 돈을 모으는 사람도 있습니다. 그것은 동전을 10번 던져서 10번 연속으로 앞면이 나오는 사람이 현실에 있는 것과 비슷합니다. 연속으로 앞면이 나오는 이유는 운입니다. 그 사람이 동전을 던지는 특별한 재능을 타고난 것은 아닙니다.

동전의 앞면, 뒷면 중 어느 쪽이 나올지 확실하게 아는 사람은 이 세상에 없습니다. 어쩌면 성공한 액티브 개인 투자가들도 자신은 실력으로 성공했다고 말할지도 모릅니다. 물론 어느 정도는 분석이 통하는 실력이 있을지도 모릅니다. 그러나 세상에 주가를 완벽히 분석하는 사람은 없습니다.

아무도 단기간의 주가의 상승과 하락을 알 수는 없습니다. 증권회사에서 매수를 담당하는 사람은 물론, 투자 신탁을 관리하는 파이낸셜 매니저도 모릅니다. 그들은 아마추어도 아니고, 지식이 없는 것도 아닙니다. 보통의 투자가들보다 훨씬 경기나 시장의 흐름에 대해 잘 알고 있습니다.

단지 그들은 지금은 살 때가 아니라고 자신은 생각하고 있어도, 매일 투자처의 자금을 운용하지 않으면 안 됩니다. 금융상품을 사고 싶은 투자가들을 위해 언제라도 매수를 하지 않으면 안 됩니다. 어디까지나 개인투자가들의 수요에 답할 뿐입니다. 그들에게 책임은 없습니다. 무엇보다 투자는 각자의 책임이므로, 모든 책임은 투자가 본인에게 있습니다.

이야기를 되돌려, 단기간에 이익을 내려면 경기가 좋거나 나쁜 상황에 상관없이, 언제나 비교적 싼 주식을 찾아 어슬렁거려야 합니다. 이것은 마치 매일 옷을 세탁하고 매일 밖에다 말리는 것과 같은 행동입니다. 맑은 날이라면 괜찮습니다. 그러나 비가 오는 날 밖에다 말린 세탁물은 어떻게 될까요? 기껏 세탁한 것이 쓸모없게 되어버립니다.

지금까지 액티브 투자에 대해 안 좋은 말만 한 것 같네요. 물론 모든 액티브 투자가 승률이 아주 낮은 것은 아닙니다. 높은 승률로 빠르게 판단을 내리고 매수를 하는 소프트웨어 프로그램을 소유하고 있다면, 거기다 국내와 세계의 경제 정보를 리얼타임으로 충분하게 입수할 수 있고 그것들을 분배해서 하루 종일 컴퓨터 화면에 띄워놓고 분석하는 사람들과 거액의 자본금이 있다면 액티브 투자라도 충분히 이익을 노릴 수 있을 겁니다.

이런 사람들을 기관투자가라고도 부릅니다. 기관이라는 것은 은행이나 OO펀드 등 자산운용회사를 가리키는 것이 일반적입니다.

그러나 보통의 직장인한테 이런 것은 무리입니다. 평소에는 일을 하고 있기 때문에 하루 종일 컴퓨터를 들여다보고 있을 수도 없습니다. 보통의 직장인이기에 더욱 현실적인 방법을 찾아야 합니다.

현실적인 부자는
결국 거북이처럼 투자한다

기관투자가와 비교했을 때 약한 것이 개인투자가지만, 한편으로는 강력한 무기를 가지고 있습니다. 더 넓은 시야와 많은 시간입니다. 무슨 말이냐고요?

액티브 투자에서는 싼 주식을 빈번하게 사들입니다. 그러나 주가가 어떻게 움직이는지는 아무도 알 수 없기 때문에 승률은 낮습니다. 이것을 개선하기 위해서는 넓은 시야가 필요합니다. 즉 개별적인 종목에 집착하는 것이 아니라, 시장 전체를 봐야 합니다. 그리고 단기간이 아니라 장기간의 매수와 매도를 생각해야 합니다.

보통, 주식 투자를 막 시작한 사람은 단기간에 개별 종목에 주목하기 때문에 참을성이 부족합니다. 그러나 시장은 순환합니다(뒤에서 자세히 설명하겠습니다). 따라서 장기적인 시야로 시장 전체를 보면, 마치 커다란 하나의 덩어리가 위로 떠오르거나 아래로 가라앉는 것처럼 보입니다.

흡사 커다란 파도에 흔들리는 배 같습니다. 그 파도는 한 달이나 두 달이 아니라 몇 년에 걸쳐 서서히 상하로 움직입니다. 그 파도를 정확히 이해하고 파악하면 쌀 때 사고, 비쌀 때에 파는 것이 쉬워집니다.

또한 매수가 적절하지 않을 때는 몇 년이고 기다리는 일이 가능해집니다. 이렇게 되면 투자에서 손실을 입는 일은 없어집니다.

〈토끼와 거북이〉로 말하자면 거북이파입니다. 거북이파라면 하루 종일 컴퓨터 앞에 붙어 있지 않아도 좋을뿐더러 휴일에도 정보 수집을 하느라 시간을 보내지 않아도 됩니다. 즉 보통의 일을 하는 직장인이라도 가능한 것입니다. 이런 투자 스타일을 '패시브 투자'라고 부릅니다.

다수파가 보기에는 서두르지 않고 마음을 졸이지 않는 방법이기 때문에 매력이 없다고 느낄 수도 있습니다. 그러나 이것이야말로 현실적인 부자의 사고방식을 지닌 사람들의 투자 방법이라고 저는 생각합니다. 빨래를 예로 들면, 맑은 날에만 빨래를 해서 바깥에다 말리고, 비가 오는 날에는 빨래를 하지 않는 것입니다. 놀랄 정도로 정통적인 방식입니다.

 POINT!

패시브 투자를 함으로써 이익은 높이고 손실은 낮춘다.

2
부자는
투자를 할 때도
참조점의 원칙을
지킨다

부자는 투자에서도
참조점을 컨트롤한다

이 책의 많은 부분에서 참조점에 대해 얘기했습니다. 혹시
나 해서 다시 한 번 말하자면 참조점이라는 것은 이동하는
기준점입니다. 예를 들면 성장과 함께 변화하는 시선의 높
이나 주위의 온도로 변하는 체온과도 같습니다.

여기서 새롭게 전하고 싶은 것은, 투자의 참조점입니다.

투자에서도 역시 생각하지 못한 때에 이동해버리기 쉬운 참조점을 컨트롤하는 것이 중요합니다.

투자의 기본은 '싸게 사서 비싸게 파는 것'입니다.

주식에서도 투자신탁에서도, 기본적으로 금융상품은 싸게 사지 않으면 손실이 됩니다. 달리 말하면 싸게 살수록 손실을 입지 않습니다. 단순합니다.

하지만 실제로는 많은 사람이 투자에서 손실을 입습니다. 그 이유는 참조점이 이동해버리기 때문입니다. 투자 초기에 그것을 이해하는 것이 부자가 되기 위해 필요한 지식이라고 저는 생각합니다.

투자의 참조점이란 구체적으로 무엇일까요?

설명을 위해, 주식 투자로 이야기를 진행해봅시다.

패시브 투자(거북이파)에서는 넓은 시야로 장기적인 기간을 보는 것이 중요하다고 이미 서술했습니다. 다시 말해 닛케이평균주가(〈일본경제신문〉, 약칭 '닛케이' 신문사가 도쿄 증권거래소 1부 시장에 상장된 주식 가운데 225개 종목의 시장가격을 평균하여 산출하는 일본증권시장의 대표적인 주가지수. 닛케이225라고도 한다-옮긴이) 등의 그래프를 보는 것입니다. 중요한 것은 경기의 큰 흐름을 파악하기 위해 몇 년간의 긴 기간을 보는 것입니다.

투자에서 실패하지 않는 사람의 참조점은, 닛케이평균주가에서 보자면 비교적 낮은 점에 맞추어져 있다고 생각해주십시오. 그리고 그 지점보다 높아지면 높으니까 사지 않고, 낮아지면 싸지니까 삽니다. 이것만으로도 이익을 낼 수 있는 구조입니다. 아주 간단한 이론입니다.

그러면 투자에서 실패하는 사람은 참조점을 어디에 두는 것일까요? 그들은 오늘의 닛케이평균주가나 사고 싶은 주식의 오늘의 주가에 참조점을 맞춰두고 있습니다.

즉 비쌀 때에 샀다고 하면, 그 비싼 주가가 그들의 기준점이 되어버립니다. 마치 자신이 샀을 때를 제로 지점처럼 느낍니다. 그러나 당연히 그렇지 않습니다. 자신이 그렇게 믿고 있을 뿐입니다.

당연히 높을 때에 샀기 때문에 가격이 높아진다고 해

도 이익은 작습니다. 더욱이 조금이라도 내려가면 손실이 나고 맙니다.

이렇게 투자에서 손해를 보는 사람의 머릿속의 참조점은 어떻게 움직이고 있을까요? 잠시 머릿속을 들여다봅시다.

투자의 참조점을 의식하지 않는 F씨가 주식을 사려고 합니다.

> '주식을 사자. 지금 주가가 100만 엔이니 ○퍼센트 내려가
> 면 손절해 손실을 억제하고, ○퍼센트 오르면 매도해서 이익
> 을 확정 짓자.'

F씨는 그렇게 생각하고 오늘의 주가(여기서는 100만 엔으로 가정)로 주식을 샀습니다.

있을 법한 사고방식과 행동이지만, 이것은 사실 이상합니다. F씨는 왜 지금 주가(100만 엔)을 기준점으로 삼았나요? 거기에는 아무 근거도 없습니다. 시작부터 이상

합니다.

시간이 조금 지나 100만 엔에 샀던 주식이 150만 엔으로 올랐습니다. 그러면 F씨의 참조점은 어떻게 될까요? 금세 100만 엔에서 150만 엔으로 이동해버립니다. 마치 150만 엔으로 주식을 산 것처럼 착각해버립니다.

얼마 뒤, 이번에는 주가가 140만 엔으로 내려갔습니다. 그러면 F씨는 처음 계획대로 주식을 매도해 40만 엔의 이익을 손에 넣을까요? 이때 F씨는 매도하지 않았습니다. 왜 그랬을까요?

F씨의 참조점이 샀을 때의 100만 엔이 아니라, 올랐을 때의 150만 엔이 되어 있기 때문입니다. 그래서 F씨의 머릿속에서는 '150만 엔에서 10만 엔이 내려가버렸다. 10만 엔 마이너스다! 150만 엔 이상으로 올라가지 않으면 아깝다!'라고 (무의식적으로) 착각해버렸기 때문입니다. 이렇게 해서 단순한 룰만 지키면 되는 투자가 점점 복잡하게 되어버립니다.

투자에서 실패하지 않는 사람의 참조점은 그날의 주가에는 맞춰지지 않습니다. 앞서 말한 것처럼 (닛케이평균주가 등) 장기간의 지표를 통해 판단합니다(지표에 관한 자세한 내용은 뒤에서 얘기하겠습니다).

그렇기에 참조점을 지표의 낮은 지점으로 맞추는 사람은 F씨와는 출발지점이 다릅니다. 실패하지 않는 사람은, 지표를 기준으로 해서 아주 싼 지점까지 기다렸다가 삽니다. 그리고 팔 때는 다시 지표를 설정해 높은 지점에서 팝니다.

많은 사람은 F씨처럼 놀랄 정도로 간단한 이유로 투자의 참조점이 이동해버립니다. 게다가 그것을 움직이는 것은 타인이 아니라 자신의 머릿속 생각입니다.

어떤가요? '이 논리를 알았으니 F씨와 같은 일은 하지 않는다', '나는 괜찮다'라고 생각합니까?

그러나 역시, 경기가 좋아져서 시장이 활발한 모습을 보이기 시작하면 자기도 모르게 함께 춤을 춰버리는 것이 인간입니다.

예를 들어 경기가 좋아지면 회식 자리에서, 분위기에 휩쓸려 이런 말을 내뱉는 사람도 있을지 모릅니다.

"이야, OO주를 사서 팔았더니 100만 엔을 벌었지 뭐야! 하
하하, 기분 좋다!"

이런 말을 들으면 마음이 급해집니다. 신문이나 텔레비
전에서 경기 회복에 대한 뉴스를 보아도 마찬가지입니다.

'나도 돈을 벌고 싶다! 빨리 팔아야겠어!'

이런 식으로 유혹을 이기지 못해 투자가의 참조점은 크
게 흔들리고 맙니다.

냉정하게 생각하면, 돈을 번 사람은 주가가 낮을 때 샀
기 때문에 큰 이익을 볼 수 있었던 것입니다. 주가가 올라
간 후에 같은 주식을 산다고 해도 올라갈 가능성은 낮고,
내려갈 가능성만 높다는 건 당신도 잘 알 것입니다.

참조점은 정말로 재미있으면서도 어렵습니다.

 POINT!

투자에서도 참조점을 컨트롤하지 않으면, 진다.

가처분소득의
격차를 벌린다

오해하지 말아주십시오. 부자가 되는 시스템의 중요성이 투자에 있다고는 해도 '투자의 세계에서 절대 지지 않는 이익률을 잡아야 합니다'라든가 '누구보다도 많은 이익을 손에 넣으십시오'라는 말을 하는 게 아닙니다. 그런 것만을 목표로 하면 리스크가 아주 커져버립니다.

보통의 직장인이 먼저 목표로 할 것은 작은 금액으로 조금씩 이익을 보는 것입니다. 왜냐하면 보통의 직장인일수록 작은 이익률로 생활의 여유가 크게 바뀌기 때문입니다.

예를 들어 매월 평균 지출비 20만 엔으로 생활하고 있는 직장인 A씨, B씨, C씨가 있습니다. A씨는 월수입이 22만 엔이고 B씨는 월수입이 26만 엔, C씨는 44만 엔이라고 합시다.

자, 여기서 문제입니다. B씨와 C씨 각각의 월급은 A씨의 몇 배입니까?

B씨는 A씨의 약 1.2배, 그리고 C씨는 A씨의 2배에 해당합니다. 여기까지는 쉽습니다.

그러면 한 가지 질문이 더 있습니다. B씨와 C씨가 자유롭게 쓸 수 있는 돈(가처분소득)은, 각각 A씨의 몇 배입니까?

가처분소득이란 급여에서 세금이나 보험료를 제한, 자유롭게 쓸 수 있는 손 안의 돈을 가리킵니다. 그러나 여기서는 '기본생활비를 제한 가처분소득'을 생각해봅시다. 즉 매월 평균 지출비 20만 엔을 제한 '진짜로 자유롭게 쓸 수 있는 돈'의 차이는 어느 정도입니까?

각각 '진짜 자유롭게 쓸 수 있는 돈'을 계산해보면 (3인 모두 평균 지출비가 20만 엔이니까) A씨는 2만 엔, B씨는 4만 엔, C씨는 24만 엔이 됩니다.

수입의 차이는 B씨가 A씨의 약 1.2배였지만, 자유롭게 쓸 수 있는 돈은 약 3배 차이가 납니다.

그리고 C씨와 A씨를 비교하면, 수입은 2배였지만 자유롭게 쓸 수 있는 돈은 12배나 차이가 납니다. 다시 말하면

C씨는 A씨의 12배나 여유가 있다는 말입니다.

무엇보다 이것은 C씨의 지출비의 참조점이 낮다고 특정했기 때문에 나타나는 현상입니다. 보통의 사람은 수입이 많아지면 지출비의 참조점이 단번에 상승해버리기 때문에, 언제나 생활에 여유가 없다고 느끼고 맙니다.

이상의 이유로 보통의 직장인일수록, 갑자기 수백만 엔의 투자 이익을 목표로 하기보다 일단 작은 이익을 손에 넣는다면 투자의 효율을 충분히 실감할 수 있습니다.

세상은 표면적인 숫자의 크고 작음으로 돈에 여유가 있는지 아닌지 판단하는 경향이 많습니다. 예를 들어 맞선 자리에서 상대방의 수입을 신경 쓰지 않는 사람은 서투르다고 생각합니다. 그것도 물론 중요하지만, 더욱 신경을 써야 하는 것은 '정말 자유롭게 쓸 수 있는 돈'의 숫자입니다.

아무리 수입이 많아도 기본적인 지출비가 크면 여유가 있다고는 말할 수 없습니다. 반대로 수입이 아주 많지는 않더라도, 참조점을 컨트롤할 수 있고 지출비를 낮출 수 있다면 여유가 생깁니다.

그러므로 높은 위험을 안고 높은 이익을 얻는다는 투자 목표보다 일단은 자유롭게 쓸 수 있는 돈을 늘리자는 목표를 세우는 게 좋습니다.

당신의 가처분소득과 '정말로 자유롭게 쓸 수 있는 돈'은 지금, 얼마입니까?

 POINT!

> **하이 리스크, 하이 리턴을 고집하지 않는다.**

3
부자는
익숙한 분야에만
투자한다

경기는
순환한다?

일본에는 사계절, 즉 봄, 여름, 가을, 겨울이 있습니다.

사계절은 매년 같지는 않고, 여름에도 서늘하거나 겨울에도 따뜻한 해가 있습니다. 여름의 더위가 길게 이어지고, 가을의 청량함이 느껴지지 않은 채 겨울이 되어버리는 해도 있습니다. 그러나 10년이나 20년의 장기적인 시야로 보면 역시 사계절은 확실하게 존재하고, 순환함을 알 수 있습니다.

경기에도 마찬가지로 순환하는 성질이 있습니다. 경제에 익숙하지 않은 사람이 보면, 전체 주가 같은 단기적인 움직임은 희한하게 보일지도 모릅니다. 그러나 장기적인 시야로 경기를 보면, 일본의 사계절처럼 느긋하게 순환하고 있음을 알 수 있습니다.

물론 때로는 버블이나 금융 위기 등이 발생하기도 해서 규칙성이 없는 듯 보입니다. 그것들은 마치 여름에 너무 덥거나 겨울에 너무 따뜻한 이상 기온현상입니다. 그러나 역시, 몇 년 단위로 보면 이상 기온현상을 포함해 경기가 순환하고 있음을 알 수 있습니다.

전문적으로는 경기가 가장 좋지 않을 때를 골짜기라고 부릅니다. 또한 경기가 가장 좋을 때가 봉우리입니다. '골짜기-봉우리-골짜기'의 일련의 흐름을, 경기의 1순환이라고 부릅니다.

시험 삼아 닛케이평균주가를 인터넷에서 검색해보십시

오. 과거 수십 년간의 그래프를 보면, 주가가 높아졌다가도 낮아지고, 낮아졌다가도 다시 높아지며 상하로 크게 움직이는 것을 볼 수 있습니다. 더 상세히 말하자면, 이 닛케이평균주가의 움직임은 대략적인 경기 동향과 연동되어 있습니다.

그렇습니다. 기업의 성과는 경기의 영향을 받는 것이 당연합니다. 단기 매매에 집착하면 당연한 이 진리조차 잊게 됩니다.

POINT!

> 경기는 오르내림을 반복하므로 단기 매매에 집착하지 않는다.

지표란 무엇인가

앞서 '지표'라는 단어가 나왔습니다. 이것도 키워드입니다. 대체 어떤 것인지 좀 더 자세히 살펴봅시다.

물건의 길이를 측정하려면 무엇이 필요할까요? 바로 '자'입니다.

그런데 자를 사용해도 그것이 긴지 짧은지 판단하는 데는 그 사람의 이동하는 기준, 즉 참조점이 필요합니다. 그날의 기분으로 감각이 변해버리면 곤란합니다. 그럴 때 기준이 있으면 자로 재는 물건이 긴지 짧은지 확실히 알 수 있습니다.

즉 투자에도 자가 있으면 지금이 싼지 비싼지 한눈에 알 수 있습니다. 그런 편리한 것이 지표입니다. 일반적으로 '경제지표'라고도 부릅니다. 종류가 아주 많아서 죽 늘어놓으면 어렵게 느껴집니다. 그러나 이에 대해서는 깊게 생각하지 않아도 괜찮습니다. 분명히 종류는 많지만, 자의 단위가 다르기 때문입니다.

예를 들어 길이의 단위에는 여러 가지가 있습니다. 미터, 인치, 피트, 척, 해리……. 그렇지만 일상생활에서 전부를 이해할 필요는 없습니다. 자신에게 필요한 것을 알 수 있는 단위와 자가 있으면 충분합니다. 많은 사람에게는 미터가 가장 익숙할 것입니다. 그러니 많은 지표 중에서 한 가지, 자신의 미터에 해당하는 것을 선택하면 충분합니다.

제 추천은 닛케이평균입니다. 신문, 라디오, 텔레비전 뉴스에서 거의 매일 정기적으로 전해줍니다. 의식하지 않아도 매일 자연히 머릿속에 들어옵니다.

물론 정확하게는 각각 지표의 움직임은 다릅니다. 그래도 커다란 규모에 익숙해지면 익숙해질수록 닮은 움직임을 보인다는 것을 알 수 있습니다. 그 이유는 주가 등의 금융상품은 경기의 흐름에 좌우되기 때문입니다.

지표가 익숙해지면 지금이 싼 시기인지 비싼 시기인지를 알 수 있습니다. 그 후에는 쌀 때 사고, 비쌀 때 파는 것뿐입니다.

 POINT!

자신만의 투자 기준을 마련한다.

부자들은
단골 가게가 있다

'사장님, 사모님, 안녕하세요. 저 또 왔어요.'

'아니, OO 씨! 잘 오셨어요. 자, 이쪽으로 앉으세요.'

부자의 사고방식을 가진 사람은 자주 가는 음식점이 몇 군데 있어서 가게의 주인들과도 사이가 좋습니다. 그들이 자주 하는 말은 이것입니다.

'사장님, 매일 주문하던 거요!'

TV 드라마에서 자주 보던 풍경같지요. 실제로도 그렇습니다.

특별할 것 없어 보이는 이 대화 속에도 투자에서 성공하기 쉬운 요소가 포함되어 있습니다. 포인트는 자주 방문하는 손님, 익숙한 가게, 늘 같은 메뉴입니다. 이 세 가지의 공통점은 '잘 아는 것'입니다.

잘 아는 곳이라면 거래처 접대를 할 때도 실패하지 않습니다. 맛이 없는 식사에 돈을 지불할 필요도 없습니다. 익숙한 가게가 있다는 것은 정말 유리합니다.

이것을 투자에 적용시켜봅시다. 무슨 말이냐고요? 한마디로 '투자에서 실패하고 싶지 않으면 익숙한 분야로 투자 대상을 압축해야 한다'는 것입니다.

만약 당신이 부동산 업계에서 일하고 있어서 업계의 지식이 풍부하다면, 부동산에 투자를 하는 것이 좋겠지요.

만약 당신이 석유업계에서 일하고 있어서 원유의 주가 동향에 대해 잘 알고 있다면, 원유 관련 금융상품에 투자를 하면 좋을 겁니다.

그렇지만 많은 사람은 그런 세계에 익숙하지 않습니다. 잘 모르는 투자 대상은 마치 한 번도 가보지 않은 술집이나 마찬가지입니다. 금융상품은 세상에 무수히 많습니다. 최악의 경우 바가지를 씌우는 술집에 들어가게 될지도 모릅니다. 가장 안전하고 확실한 것은 익숙한 가게입니다.

도대체 투자의 세계에서 당신에게 익숙한 가게란 무엇을까요? 대답은 간단합니다. 바로 국내 주식과 관련된 금융상품입니다. 당신은 국내의 경기를 피부로 느낄 수 있고, 가게에서 일상적으로 신상품을 체크합니다. 신문이나 인터넷, 텔레비전 등에서도 간편하게 정보를 얻을 수 있습니다.

즉 당신이 가장 익숙함을 느끼는 국내 회사의 주식 관련 금융상품에 투자하는 것이 좋습니다. 가능하다면 본적도 들은 적도 없는 분야의 상품에 도전하는 일은 피하길 바랍니다.

 POINT!

투자를 할 때는 모르는 것에 손을 뻗지 않는다.

4

부자는
투자 원칙을 쉽게
바꾸지 않는다

그네를
멈추지 말 것!

마지막으로, 기쁘게도 당신이 투자로 대성공을 했다는 전
제로 이야기를 해봅시다.

당신의 수중에는 주식을 판매해 얻은 1,000만 엔이라는
금액이 있습니다. 이 이익을 어떻게 하고 싶습니까?

보통 사람은 투자에서 얻은 이익을 마치 하늘이 내려준 돈이라고 생각합니다. 무리도 아닙니다. 피땀 흘려 일해서 얻은 돈은 아니니까요. 돈이 스스로 일했고, 당신은 그네에 앉아 있었던 것뿐입니다.

경우에 따라서는 컴퓨터 앞에서 따닥따닥 몇 번 마우스를 클릭해 그 이후에 한동안 시간이 흐른 다음 다시 따닥따닥 마우스를 클릭한 것만으로 큰돈을 벌어들인 사람도 있을 겁니다. 그래서 보통의 사람은 지금까지 저축하기 위해 한 고생이나 부자가 되기 위한 시스템의 순환에 대해서는 전부 잊어버리고, 단번에 써버립니다.

그 또한 참조점 때문입니다. 수입이 단번에 늘어났기 때문에 지출의 참조점도 함께 단번에 올라가버린 것입니다. 가계부의 관리도 잊어버리고, 가치가 줄어드는 물건들을 마구 사들이고, 집이 좁아지고 저금도 단번에 줄어듭니다.

이러면 순서가 뒤바뀌어버리는 셈입니다. 드디어 그네를 탄 당신의 등을 돈이 밀어주기 시작했는데, 스스로 그네에서 내려버린 꼴이니 안타깝기 그지없습니다. 여태껏 배운, 부자처럼 사고하는 방식이 전부 쓸모없어져버립니다.

그러면 부자의 사고방식을 가진 사람은 1,000만 엔의 이익을 손에 넣으면 어떻게 할까요?

정답은 '아무것도 하지 않는다'입니다. 이유는 크게 두 가지입니다.

첫째, 그들은 이익을 한 번에 써버리지 않습니다. 부자처럼 생각하는 사람은 3장에서 배운 '인생계획서'와 '가계부'의 관리가 완벽하기에, 수입이 아무리 늘어나도 지출의 참조점이 이동하지 않기 때문입니다. 그러므로 한 번에 써버리지 않습니다. 즉, 아무것도 하지 않습니다.

둘째, 큰 이익을 손에 넣었다는 것은 경기의 순환이 최고점에 이르렀음을 의미합니다. 즉 앞으로 한동안은 주식을 살 수 있는 상태가 아닐 겁니다. 그러니 잠시 동안은 금융상품을 사지 않고 기다립니다. 다시 말해 아무것도 하지 않습니다. 이 1,000만 엔은 다음번 사야 할 때를 기다리며 잘 보관해둡니다.

아무것도 하지 않는 기간에도 오디세우스의 지혜에서 배웠듯이, 급여에서 일정액을 제한 금액을 정기적금으로 넣고 착실히 저축을 해나갑니다.

그러면 몇 년 후에 투자를 할 때는 '투자자금=최초 원금 +1,000만 엔의 이익+새로 늘어난 저금'이 되어, 인생 최대의 돈이 준비됩니다. 이것으로 좋은 타이밍에 투자를 한다면 단번에 부자가 될 가능성이 높아집니다.

여기까지 왔다면 '부자의 그네'는 사소한 일로는 멈추지 않습니다. 다음번부터 이익은 어느 정도 쓰고 싶은 것에 써도 좋습니다. 그래도 굳건한 신념을 지닌 절대금감을 가진 구두쇠 같은 사람은 단번에 써버리지 않겠지요.

 POINT!

투자에서 이익을 냈을 때도 참조점을 바꾸지 않는다.

다시,
그네를 어떻게 탈 것인가?

이 세상에 돈이 흘러가는 구조는 모두 거의 비슷합니다.

> ▶ 다중채무자가 금융기관에서 돈을 빌리고, 빚이 눈덩이처럼 늘어난다.
>
> ▶ 은행이 예금자로부터 돈을 모아 기업이나 개인에게 빌려주고, 은행이 이익을 얻는다.
>
> ▶ 기업 경영자가 주식을 발행해서 투자가로부터 돈을 모으고, 사업을 통해 불린다.
>
> ▶ 부자처럼 생각하는 사람이 투자를 해서, 자산이 눈덩이처럼 불어난다.

이렇게 항목을 나열해서 정리한 뒤 가만히 돈의 흐름을 바라보고 있노라면 금세 깨닫게 될 겁니다. 같은 흐름이라면 어떤 흐름을 선택하면 좋을까요? 이제 당신은 판단하고, 행동해야 합니다.

마지막으로 '부자들이 그네를 타는 방법'을 실천하기 쉬운 사람들이 누구인지, 수입의 안정성, 리스크와 이익 면에서 종합적으로 순위를 매겨봅시다. 투자의 리스크는 가능성의 변화 폭이라는 면에서, 이익과 비례하는 경향이 있습니다.

1위 투자를 하는 직장인

(안정적인 수입이 있기 때문에 리스크와 이익을 관리하기 쉽다)

2위 기업 경영자

(이익이 크지만 리스크도 크다)

3위 투자를 하는 자산가

(안정적인 수입이 없고, 투자가 불안정해지기 쉽다)

4위 절약과 저금만 하는 직장인

(안정적인 수입은 있지만 리스크도 이익도 없다)

5위 빚을 지는 직장인

(안정적인 수입이 마이너스로 줄어든다)

직장인이 1위와 4위와 5위에 올라 있습니다. 각 순위에서 다른 점은 '어느 입장에 서 있는가'뿐입니다.

5위인 '빚을 지는 직장인'은 손해밖에 없습니다. 안정적인 수입이 있는 직장인에게, 은행은 안심하고 고액의 주택 대출이나 자동차 대출을 해줍니다. 그러나 그것은 돈의 흐름이라는 관점에서 보면 직장인에게서 대출금을 안정적으로 돌려받기 위한 시스템임을 알 수 있습니다. 압도적으로 직장인이 불리합니다.

4위는 '절약과 저금만 하는 직장인'입니다. 많은 직장인들이 이 위치에 있지만 이것도 불리한 입장입니다. 열심히 일해서 절약하고, 은행에 저금을 해서 아주 적은 이자를 얻어봤자 생활에는 여유가 생기지 않습니다.

2위와 3위는 직장인에게는 불가능합니다. 안정성이 낮고 리스크가 너무 큽니다.

이 책을 마지막까지 읽은 여러분은 이제 확실히 알 것입니다. '부자들처럼 그네를 타는 방법'을 가장 잘 실천할 수 있는 사람은 '투자를 하는 평범한 직장인'입니다.

자, 그네가 눈앞에 있습니다. 어떻게 하시겠습니까?